出る杭をのばせ！

－明日を変える創造性教育－

東海大学知的財産教育テキスト編集委員会編

社団法人 発明協会

はしがき

　本書は、幼稚園から小学校、中学校そして高等学校にわたる知的財産教育の手法を明らかにした世界で初めてのテキストである。

　本書のタイトルを「―出る杭をのばせ―明日を変える創造性教育」としたことには、大きな理由がある。それは、知的財産教育が、科学技術や芸術という知的財産の創造を通して、誰もが生まれつきもっている創造性を育て、その個性を尊重する教育であり、科学技術や芸術が人類に対して果たす役割や価値を伝える教育であり、創造された知的財産により新たなビジネスないし雇用を創出することの意味を伝える起業家精神教育であり、人類を豊かにする知的財産の創造者たちを尊重すること（ルール）を伝える教育だからである。

　21世紀は、科学技術が著しく発展し、複雑化ないしグローバル化した時代である。人類は、農業革命と工業革命を経験し、現在、情報革命という「第3の波」（アルビン・トフラー）の真っ只中にいる。そのような時代においては、人類は、初めて経験する多くの課題を自ら発見し、その解決方法を創造してゆかなければならない。今日、上に述べた意味での知的財産教育が注目される所以である。

　本書は、2001年から2004年度にわたって、日本国特許庁からの受託研究として「東海大学知的財産権研究プロジェクト」（TIP）が行った「知的財産教育の研究」と、2002年にスタートした東海大学一貫教育委員会の「知的財産教育部会」の研究と実践の成果である。本書のサブタイトルが「東海大学モデル」となっているのは、そのためである。しかし、本書の読者の方々は、一読されるだけで、どこの幼稚園、小学校、中学校そして高等学校でも導入できるモデルであることに気づかれるはずである。

　本書の構成は、理論編と実践編に大別される。そのため、知的財産教育を行おうとされる方にとっては、どこから読まれても容易に利用できるはずである。

　理論編では、知的財産教育の目標、東海大学モデルの特徴、発展段階に応じたその手法、諸外国の現状、東海大学モデルにおけるカリキュラムの骨格について、実践編を参照しながら述べている。とくに、東海大学モデルの特徴が、フィンランドのバーサ市で構築された起業家精神教育（「バーサモデル」）をモデルとした教育であり、園児・児童・生徒の発展段階に応じた教育であって、知的財産の保護制度を理解させる特別授業とあらゆる教科において展開する知的財産教育であることを紹介している。

　実践編では、東海大学付属の幼稚園、小学校、中学校そして高等学校における実践例をわかりやすく紹介して、発展段階に応じて利用できるようにした。そこでは、特別授業とあらゆる教科で展開されている知的財産教育を確認することができる。

　わが国では、2002年2月4日、当時の小泉純一郎首相が「知的財産立国」を宣言して以来、それが国策とされている。2004年以降毎年策定されている「知的財産推進計画」では、知的財産教育の重要性が徐々に強調され、2006年1月には「知的財産人材育成総合戦略」が公表されている。

　しかしながら、従来、教育機関における知的財産教育は、充分になされてきたとはいえなかったし、そのための体系的なテキスト等はほとんど存在しなかった。本書は、わが国の「知的財産立国」ないし「イノベーション」による国づくりに貢献することを目的として、わが国の幼稚園から高等学校における知的財産教育を担当しようとされる方々、将来教育者を志しておられる方々のために作成したものであるが、ひろく知的財産教育に関心を持たれている教育行政担当者、企業のＣＳＲ担当者、そして多くの保護者の方々にもぜひお読みいただきたいものである。

目　　次

はしがき

理　論　編

第1章　知的財産教育とはなにか？　9

　§1　知的財産教育とは　9
　§2　知的財産教育と社会の変化　12
　§3　「学力」世界№1のフィンランドの教育　14
　§4　知的財産とは？　16

第2章　知的財産教育東海大学モデル　18

　§1　東海モデルとは　18
　§2　初等中等教育機関における知的財産教育の体制　24
　§3　幼稚園における知的財産教育の取り組み　29
　§4　小学校における知的財産教育の取り組み　34
　§5　中学校における知的財産教育の取り組み　39
　§6　高等学校における知的財産教育の取り組み　42
　§7　学園オリンピック（知的財産部門）　45
　§8　各教科において展開する知的財産教育　50

第3章　知的財産教育特別授業のテーマ　55

　§1　知的財産の歴史　55
　§2　日本人の発明　57
　§3　「無装荷ケーブル」と松前重義　59

第4章　フィンランドの「バーサモデル」　62

　§1　フィンランドの内的起業家精神　62
　§2　起業家精神教育の具体例　64

第5章　知的財産の保護制度について　66

　§1　知的財産権のいろいろ　66
　§2　学校と著作権　68
　§3　知的財産に携わる仕事　71
　§4　産学官連携と知的財産　73
　§5　知的財産権をめぐる諸問題　75

実践編

Ⅰ 知的財産教育を進めるために　78

§1　リサーチの仕方　78
§2　プレゼンテーションの技術　80
§3　インターンシップの利用　82
§4　大学の研究室訪問　83

Ⅱ 実施例　85

オリジナル絵本作り（幼稚園）　86
自己有能感を大切にした保育（幼稚園）　88
音楽表現やものづくりの体験を通した創造性を育む保育　（幼稚園）　90
お店ごっこ（幼稚園）　92
ドルードルあそび（小学校）　94
国際理解（小学校）　96
動物園グッズを作ろう（中学校）　98
発明家・起業家を調べよう（中学校）　100
学校紹介ビデオを作ろう（中学校）　102
クラスのシンボルマークを作ろう（中学校）　104
ものの成り立ちから将来への展望まで（高等学校）　106
担任の個性を生かしたテーマでチャレンジ（高等学校）　108
日頃から各教科の中で取り組む知的財産授業（1）（高等学校）　110
日頃から各教科の中で取り組む知的財産授業（2）（高等学校）　112
著作権の理解を目的とした知的財産教育（高等学校）　114
お気に入りの商品 ―「付加価値」とは何かを考える―（高等学校）　116
生活を豊かにする発明にチャレンジ　（高等学校）　118

理論編

知的財産教育とはなにか？

第1章

知的財産教育とはなにか？

§1 知的財産教育とは

1．知的財産教育の意義

知的財産教育は、知的財産保護の制度を教える教育だけを意味するものではない。もっと広い意味で用いられるべきものである。

まず、(1) 知的財産、つまり科学技術や芸術を創造する力を育む教育（創造性教育としての知的財産教育）、(2) その創造の成果である知的財産が人類を豊かにするものであるということを理解させ、知的財産を尊重する精神を涵養し、知的財産の創造者（の権利）を尊重することの重要さを理解させる教育（制度理解を求める知的財産教育）、そして (3) 知的財産は活用されることによって人類を豊かにするものであることを理解させる教育（起業家精神教育としての知的財産教育）の3分野から構成される。

東海大学において、このような理解に到達したのは、1999年に法人本部に設立した「東海大学知的財産権研究プロジェクト」(TIP) が、2001年度から2004年度にわたり特許庁の受託研究により知的財産教育の研究を行った成果である。

2．知的財産教育と知的財産立国

2002年2月4日、当時の小泉純一郎首相が「知的財産立国」を宣言した。その後、2003年には首相を本部長とする「知的財産戦略本部」が設置され、同年秋には「知的財産基本法」が制定され、2004年から毎年「知的財産推進計画」が公表されて、知的財産に関する立法、司法、行政にわたる政策がつぎつぎと実現されている。

その知的財産立国の柱は、いわゆる知的財産の創造・保護・活用という3段階からなる知的財産創造サイクルの実現と、知的財産関連人材育成ないし知的財産の普及啓発、そしてコンテンツを生かした文化創造立国である。知的財産教育は、この知的財産関連人材育成と知的財産の普及啓発に含まれていて、知的財産立国の基礎をなすものと位置づけられている。

そのために、2006年1月30日には、政府により「知的財産人材育成総合戦略」が発表されるに至っている（図—1参照）。

3．知的財産教育と知的財産創造サイクル —創造・保護・活用—

知的財産教育は、ちょうどこの知的財産創造サイクルにいう創造、保護、活用の3段階に対応して構築されるべきである。前述のように、知的財産教育は、

2006年1月30日
知的財産人材育成総合戦略
（知的創造サイクル専門調査会）

知的財産立国の実現
（1）新たな知的財産の創出
　国民全体が知的財産創造能力を持つことが重要
　特に、小中学生の段階から創造力を高め、将来の知的財産創出に資する人材を育成
（2）知的財産を創造する者をより一層評価する社会

（図—1）

（1）創造性教育としての知的財産教育（2）知的財産保護の制度理解としての知的財産教育、そして（3）起業家精神教育としての知的財産教育を含む広い意味でなければならない。

4．知的財産教育と創造性教育

知的財産教育は、まず科学技術・芸術を創造する力を育む教育であり、それは創造性教育としての知的財産教育というべきものであるが、科学技術が人類を豊かにするものであり、その価値を理解させる面があることからすると科学技術教育ということもできるし、事業や雇用を創出するものである面があることからすれば起業家精神教育ということもできよう。

5．知的財産教育と起業家精神教育

知的財産教育においては、知的財産の価値について理解を求めることとなるが、それは、知的財産が社会において事業化され活用され、人類の生活を豊かにするものであるからである。知的財産は、社会に還元されてその価値が認められることとなるが、それは、新たな事業の創出にチャレンジする精神や好奇心、リーダーシップ、創造性、協調性、最後までやりぬく精神などを示す起業家精神教育を身につけた人材により実現する。

東海大学における知的財産教育の位置付け

東海大学知的財産教育モデル
Tokai Model of intellectual property education

知的財産教育
Intellectual property education
創造の奨励
知的財産の創造、保護、活用

起業家精神教育
Education for fostering of entrepreneur spirit
平和で豊かな社会構築への貢献

創造性教育
Education in a creative environment

起業家精神教育の先進国は、フィンランドなどの北欧諸国であり、とくに、後述のフィンランドのバーサ市において構築された起業家精神教

育「バーサモデル」は、知的財産教育のモデルとして最適なものということができる。

6．諸外国における知的財産教育

　知的財産教育を教育機関において展開している国は、まだ少ない。台湾ぐらいであろう。教育機関外で展開している国としては、米国、ドイツ、中国、韓国などがある。

　とくに、米国においては、発明者殿堂 "National Inventors Hall of Fame" は充実した教育手法と教材を開発しており、その主催する Camp Invention や Club Inventio には、米国全土において展開されている。

　さらに、米国特許商標局（USPTO）の PROJECT XL が作成している教員用テキスト "THE INVENTIVE THINKING CURRICULUM PROJECT" の内容（目次）は、以下の通りである。

　ここで注目されるのは、知的財産教育が創造性教育や課題解決スキルを育成するものであると捉えられている点であり、東海大学モデルの構築に際して参考にすることができた。

　　＃ 1．発明的思考の概要
　　＃ 2．発明的思考における創造部分の体験
　　＃ 3．授業における発明的思考の体験
　　＃ 4．発明的アイデアの開発
　　＃ 5．創造的解決のためのブレーンストーミング
　　＃ 6．発明的思考における批判部分の体験
　　＃ 7．発明の完成
　　＃ 8．発明のネーミング
　　＃ 9．各種のマーケッティング活動
　　＃10．両親の参加
　　＃11．青少年発明の日
　　＃12．偉大な思想家と発明家の物語

§2　知的財産教育と社会の変化

－文明変化、社会が求める人材、知的財産の重要性の高まり－

　約1万年の農業文明、そして産業革命以来の工業文明を経て、先進国の文明は知業（知識産業、知恵産業）の時代に入っている。

　しかし、日本の産業構造、社会構造は、知業化への対応面で、欧米の先進国と比べて大きく遅れている。

　1979年にエズラ・ヴォーゲルは『ジャパン・アズ・ナンバーワン』と賞賛したが、1980年代まで日本が世界一であったのは、あくまで「工業」、製造業においてであった。

　今日の日本の製造業ではコスト面などで中国などと競争出来ない企業が多い。

　知業とは、ソフトウェア、著作権、情報、デザイン、ブランド、特許、サービス、「体験」などの知的財産が主に付加価値を生み出す産業構造である。

　米国のリチャード・フロリダ教授は、欧米の先進国では、今日就業者の3分の1以上が「考えること」を職業としており、これらの「創造的階級」は3つのT（Technology=技術、Talent=人材、およびTolerance=許容性）のある都市や地域に集まる、との仮説を発表し、欧米で注目されている。[1]

　創造的階級とは具体的には、教育・研究者、エンジニア、起業家、芸術家、作家、俳優、エンタテイナー、デザイナー、建築家、その他の知識サービスに従事する就業者を指す。

　日本における最近の調査では、2000年当時、日本の創造的階級の就業者総数に占める規模は、米国や北欧と比べて約10年遅れていることが明らかになった。[2]

　このような知業社会においては、工業社会とは異なる新たな教育の考え方とシステムが必要である。

　『第三の波』の著者アルビン・トフラーは、今日の日本の最大の問題を教育と断言し、「日本が国際社会で生き残るためには、何よりも"Think"、考えることです。教育の現場を見て下さい。時間通りに生徒が教室に集まり、大人数で授

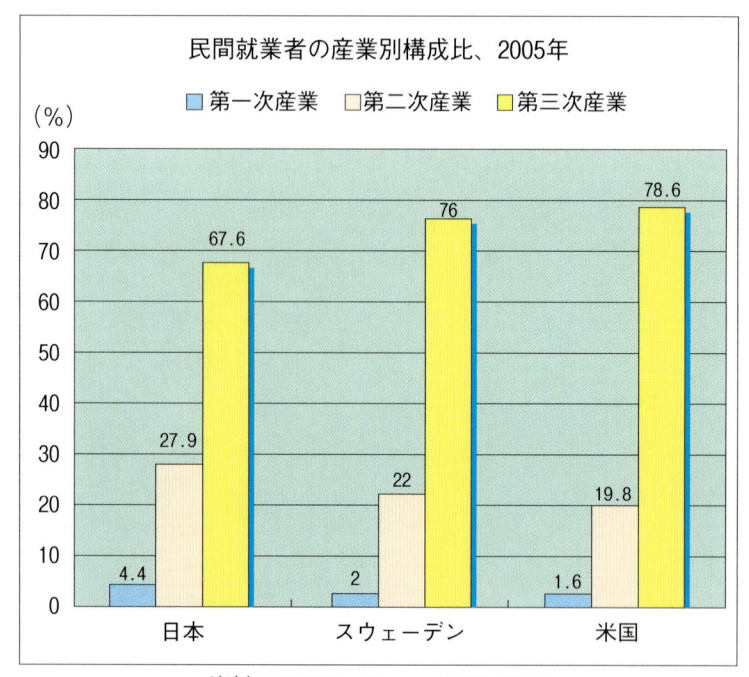

民間就業者の産業別構成比、2005年

国	第一次産業	第二次産業	第三次産業
日本	4.4	27.9	67.6
スウェーデン	2	22	76
米国	1.6	19.8	78.6

資料：OECD in Figures 2006-2007

---

1 Richard Florida, The Rise of the Creative Class, Basic Books, 2002
2 http://www2.htokai.jp/DC/kawasaki/TheCreativeClass.pdf

業を受ける。これは、工場で働くための練習みたいなものです」と指摘している。[3]

　戦後の日本の教育制度は大学受験をクリアすることを目標にして、「個性や長所を伸ばすよりも欠点のない」子供を育てるための詰め込み教育であった。他の人が考えつかない創造性よりも、他の人が考えた知識の丸暗記が強調された。正解が必ずある前提で、いかに速く正解に辿り着くかの競争であった。

　しかし、知業時代には、知的財産を創り出すためには、何よりも創造性が重要である。

　また、知業社会の変化に対応するためには、内容よりも方法、判断力、柔軟性、目的指向が必要とされる。

　日本の企業が求める人材の資質も確実にこの方向に動いている。たとえば日本経団連の調査によれば、会員企業が2006年の大学卒業生の選考に重視した点として、コミュニケーション能力、チャレンジ精神、および主体性がトップにランクされている。[4]

---

[3] 日経ビジネス2006年7月24日号
[4] 日本経団連「2005年度・新卒者採用に関するアンケート調査集計結果」2006年

§3 「学力」世界№1のフィンランドの教育

　フィンランドの教育が世界的に注目されている。
　ＯＥＣＤ（経済協力開発機構）が実施した15歳児の学習到達度の国際比較調査ＰＩＳＡ（2003年）において、フィンランドは読解力と科学的リテラシーが１位、数学的リテラシーが２位、問題解決能力３位と好成績であったのが直接のきっかけである。
　同時に、フィンランドは世界経済フォーラムの経済競争力のランクでも過去６年連続で世界一または二位であった。つまりフィンランドは福祉と経済を両立させており、その鍵が教育にあると考えられる。
　フィンランドの現状をみると、福祉と経済の両立は可能であり、21世紀の知業社会では、むしろ福祉と経済が相互補完関係にある構図が見えてくる。
　大学まで授業料は無料、国の奨学金や奨学ローン制度、学習目的の休業が可能な制度などにより、フィンランド国民は、「誰でも、いつでも、必要なこと」を学べることが保証されている。
　その可能性を提供するフィンランド型の福祉・教育システムは知業発展の重要な要因である。
　そして、学び続けることは、それ自体が楽しく、喜びであり、自己実現の手法である。つまり、個々の国民は幸せであり、同時に経済の国際競争力も強化出来るという構図である。
　近年フィンランドなど北欧の経済の国際競争力の躍進が世界的に注目されている背景には「知業時代に対応する教育システム」があると考えられる。
　フィンランドでは、1990年代から「バーサモデル」と称される「就学前からの起業家精神教育」をスタートさせて世界的に注目されている。
　フィンランドの起業家精神教育は狭義の起業家教育ではなく、実は知業時代に対応する広範な教育の意識改革である。
　「バーサモデル」とは、フィンランド西部バルト海岸のバーサ市で発足した起業家精神教育のプロジェクトである。プロジェクトは、1993年から始まった。当時のフィンランドは、ソ連の崩壊とバブル経済の崩壊の二重の大打撃を受け、未曾有の経済危機にあった。1994年には失業率は17％にも達した。
　その危機的な経済状況を打破するために、伝統的な産業構造から脱却し、ＩＴを中心とした知的財産による立国を目指すという政策が取られた。
　その目的のために、教育の分野でも、検定教科書制度の廃止（1992年）や思い切った分権化を含む新学習指導要領の導入（1994年）などが実施された。
　1990年代初頭までのフィンランドの教育制度は、現在の日本と同じように、きわめて中央集権的で、詳細なカリキュラムの内容が決められ、予算による管理が実施されていた。
　しかし、1990年代の教育改革は、①分権化、すなわち、かつての予算による管理から目標による管理への移行、および②学習到達度や教育の効率の評価システムの導入を中核とする大きな変革であった。
　中央政府は学習到達度の目標のみを設定して結果を評価し、その方法や具体的な授業の内容は、地方自治体、学校、そして個々の教師に権限が委譲されたのである。
　フィンランドの先生方と話をすると、教科書を使わない授業を自分で考え実施することは、教

員にとって大変な変化とチャレンジであったと同時にそれまでになかった可能性を得たと証言される。

　その一環として立ち上がったのが、「バーサモデル」のプロジェクトである。

　このような、知的財産立国が奏功し、上述のように1990年代後半のフィンランドは驚くべき経済復興を遂げ、世界最高水準の経済競争力を持つに至ったのである。たとえば、人口が523万人で北海道よりも少ないフィンランドから、世界一の携帯電話メーカー、ノキア社が生まれことはよく知られている。

　東海大学では、1990年代の半ばからフィンランドの「バーサモデル」に注目し、「バーサモデル」は知的財産教育の「東海モデル」の開発に理論的実践的に大きな影響を与えてきた。

§4 知的財産とは？

1．知的財産とは何か？

　知的財産とは、科学、技術、芸術などの人類の知的な創作全般を意味する。その中には、発明や実用新案のような技術に関するものと、デザイン、ブランド、文芸・学術・美術・音楽の範囲のものすべてが含まれる。

　比較的新しい知的財産としては、コンピュータープログラム、データベース、半導体チップのレイアウト、タイプフェイスなどのほか、新しい動物や植物など、また有名人の氏名や肖像に対するパブリシティの権利も知的財産に含まれるものとされている。ただ、馬などの動物のパブリシティの権利までは認められていない。

2．なぜ知的財産を保護するのか

　このような知的財産は、一定の場合には、他人の無断利用、盗用、模倣から保護されることとなっている。その理由は、科学技術や芸術などの知的財産には経済的利益と人格的利益があるからである。

　1948年に制定された「世界人権宣言」27条第2項にも、「すべて人は、その創作した科学的、文学的又は美術的作品から生ずる精神的及び物質的利益を保護される権利を有する」と宣言されている。

　また、知的財産の模倣や盗用が放任される社会では、人は創造よりも楽な模倣・盗用に走り、創造的な社会が構築されないからである。

3．知的財産の種類

　知的財産には、テクノロジー、デザイン、ブランド、アート、パフォーマンス、植物品種、半導体レイアウトのように、知的財産権という排他的権利によって保護されるものと、権利としてではないが法的に保護されるものがある。

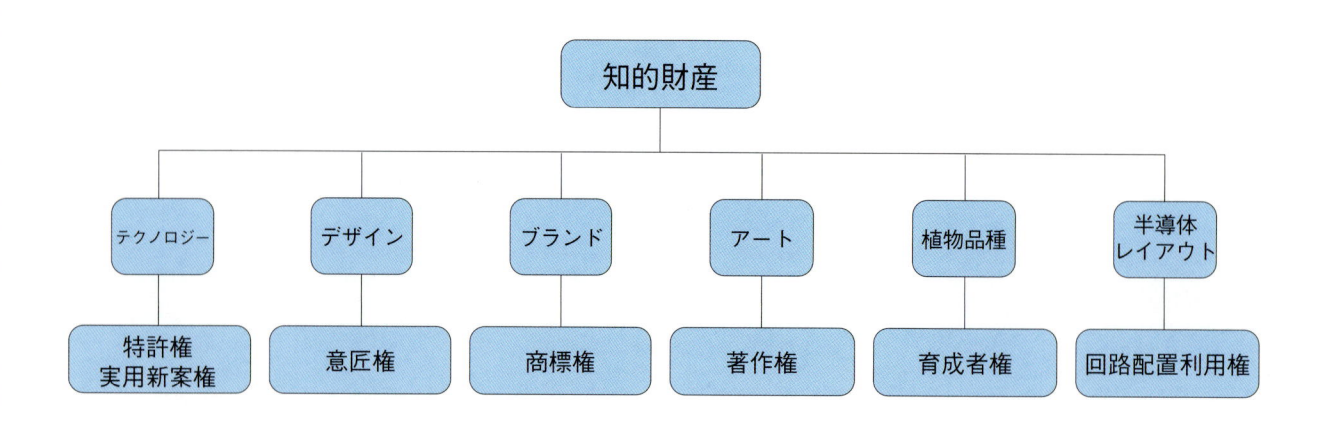

```
                        知的財産
    ┌──────┬──────┬──────┬──────┬──────┬──────┐
  テクノロジー  デザイン   ブランド    アート   植物品種  半導体
                                                        レイアウト
    │          │          │          │          │          │
  特許権      意匠権     商標権     著作権    育成者権   回路配置
  実用新案権                                              利用権
```

テクノロジーは特許権や実用新案権により、デザインは意匠権により、ブランドは商標権により、アートは著作権により、パフォーマンスは著作隣接権により保護されているが、植物品種は育成者権により、半導体レイアウトは回路配置利用権という、あまり耳慣れない知的財産権によって保護されている。なお、商号も商号権という権利によって保護されている。

　その他にも、権利によってではないが、法的に無断利用などから保護されている知的財産として、商標登録されていない有名ブランド、商品の形態、ドメインネーム、トレード・シークレット、原産地名称などがある。

　また、最近、裁判所によって保護される新しい知的財産権といわれるものに、有名人の肖像（写真）や芸名などを無断で使用させない権利として「パブリシティの権利」がある。

第2章

知的財産教育東海大学モデル

§1 東海モデルとは

1．東海大学と知的財産

　東海大学の創立者松前重義博士は、知的財産の創造者、すなわち発明家である。

　松前重義の知的財産の創造、保護、活用のプロセスは、そのまま知的財産教育の教材ともいえるものである。

　松前重義は、昭和の初期、それまで世界中で利用され、日本でも高いライセンス料を支払って利用していた米国のピューピン博士が発明したコイルを用いた「装荷ケーブル通信方式」に替えて、すべて国産技術によりコイルを用いない「無装荷ケーブル多重通信方式」という画期的な発明（創造）をし、特許化（保護）し、日本海と朝鮮半島を経由し、中国まで施設して実用化（活用）をなし遂げた（詳しくは、第3章 §3「無装荷ケーブル」と松前重義を参照）。

松前重義博士

無装荷ケーブル（東海大学松前記念館所蔵）

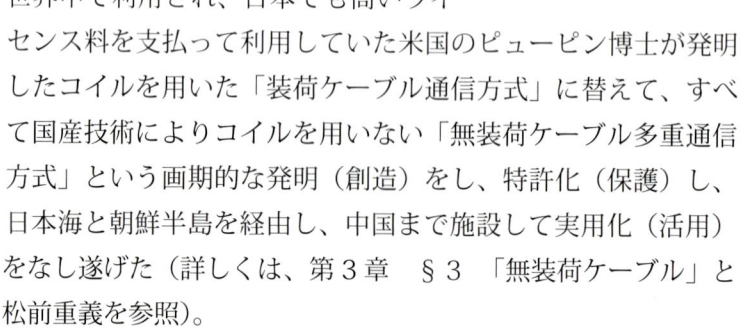

2．東海大学モデルの特徴

（1）幼稚園から始める知的財産教育

　東海大学モデルの第1の特徴は、知的財産教育を幼稚園、つまり、就学前から開始する点である。

　知的財産教育は、創造性教育であると同時に科学・技術教育でもあり、起業家精神教育ともいうことができるし、知的財産自体とその創造者たちの尊重を理解させる知的財産教育は、法学教育ないしルールやモラルの教育ともいえよう。

そのような意味での知的財産教育は、大学で初めて行うのでは遅すぎるのであって、初等教育、しかも就学前から行われなければならない。幼児教育から始める知的財産教育こそ、知的財産立国の基礎を形成する。

2004年に政府・知的財産戦略本部が作成した「知的財産推進計画2004」には、知的財産教育を始める時期は「小学校の早い段階」からと記載されていたが、「同計画2005」では、「幼少の段階」から始めるべきことが明言されるに至っている。これは、同様の理解に立つものと思われる。

東海モデルが、創造性教育と内的起業家精神教育としての知的財産教育を幼稚園、つまり就学前から始める点は、次に述べるフィンランドの「バーサモデル」を参考にしている（実践編の幼稚園で行われている「オリジナル絵本作り」などを参照）。

また、科学技術教育としての知的財産教育の点については、やはり就学前から始めている米国の科学技術教育を参考にしている。

（2）フィンランドの「バーサモデル」をモデルとした知的財産教育

東海大学モデルの第2の特徴は、フィンランドを学力世界一に押し上げることとなった教育改革の中で構築された「バーサモデル」をモデルとした点である。

この「バーサモデル」については、別の項で詳しく紹介しているが（第4章を参照。）、その教育改革の中心は、大胆な地方分権化であり、内的起業家精神教育の構築と現場の自主性に任せた実践であった。

「バーサモデル」は、一言でいえば、「結果よりプロセスを、他者との競争や比較より一人ひとりの発達を重視した教育」であり、「すべての人が生まれながらにして創造性を持っていることを理解することから始める教育」である。

「フィンランドの子供たちは、目先の成果やテストのための知識の習得量を競わされるのではなく、自己評価ができ、自己肯定感を持ち、社会的に将来社会的に役立つことができる人間に成長することを期待されているのであり、学校は、子どもたちの楽しい（内発的動機づけ）学びの場となり、個々の子どもに合った教育実践の場となるよう、創意工夫が求められている。」といわれる（学校法人東海大学一貫教育委員会「活動報告2005年度」5-3頁＜宮坂執筆＞より）。

（3）発達段階に応じた知的財産教育

東海大学モデルの第3の特徴は、発達段階に応じた知的財産教育を実施している点である。

そのため、東海大学モデルでは、知的財産教育を幼稚園の段階から開始し、小学校、中学校、高等学校、大学、大学院という各発達段階における教育方法と教材を構築してきた。一貫教育委員会の知的財産教育部会のメンバーには、発達心理学等の専門家が含まれており、常にその指導の下に知的財産教育のあり方や教材について研究してきた。

東海大学知的財産教育モデル

| 幼稚園 | 小学校 | 中学校 | 高等学校 | 大学学部 | 大学院ロースクール | 社会人（弁護士や裁判官を含む） |

知財（科学・技術・芸術）を生み出す教育
（創造性教育/起業家精神教育：バーサモデル／科学技術教育：米国科学技術教育モデル）

知財の尊重・権利保護の仕組みに関する教育
（知財マインド醸成／知財リテラシー教育）

知財を保護し活用する人材の教育
（知財専門教育／起業家教育）

（図－3）東海大学モデル

（4）特別授業と各教科で展開する知的財産教育

　　東海大学モデルの第4の特徴は、知的財産教育の特別授業と、各教科において展開する知的財産教育を展開している点である。

　　これは、前出のフィンランドの「バーサモデル」に倣ったものである。つまり、「バーサモデル」では、起業家精神教育のうち、内的起業家精神教育（創造性、個性、好奇心、リーダーシップ、チャレンジ精神、勇気などの資質を育む教育。ビジネスを創出したり、会社を興すような外的起業家精神教育に対する概念）は、どのような教科の中でも展開されるべきであるとされている。

　　知的財産教育における創造性を育む教育も、同様に、教科の種類にかかわらず展開可能である。東海大学モデルでは、小学校の段階から特別授業と各教科、すなわち、国語、社会、算数、理科、総合などの授業において、教師の創造性豊かな知的財産教育が展開されている（「本章§4　小学校における知的財産教育の取り組み」以下を参照）。また、中学校では、英語や体育の授業における知的財産教育も展開されている。

（5）学園オリンピックを開催する知的財産教育

　　東海大学モデルの第5の特徴としては、毎年夏休み期間中に行われる学園オリンピック知的財産部門を開催している点である。

　　ここでは、東海大学モデルの創造性教育、科学技術教育、起業家精神教育、そして知的財産制度理解の教育が集中的に実施され、生徒たちは、創造性を発揮し、プレゼンテーション能力に磨きをかけ、グループ・ワーキングを通して協調性やリーダーシップを養う体験をすることになる。その成果は文部科学省、特許庁等が毎年秋に主催する「パテントコンテスト」にも結びつくものとなっている。

講師ミンナ・ラッテゥ先生（フィンランド・バーサ市教育部長）による講演

自然と関わる教育

知的財産教育国際シンポジウム開催
IN MUNAKATA
「フィンランドに学ぶ幼児教育～知的財産教育とは～」
２００６年3月25日

シンポジウム終了

（6）全学園的な実施・支援体制に支えられた知的財産教育

　東海大学モデルの第6の特徴は、初等・中等教育から高等教育にわたって、知的財産教育を実施する体制とそれを支援する体制が構築されていることである。

　これは、後述のように、知的財産教育が本学の建学の精神ないし創立者の思想に合致しているからだと思われる。その中心は初等・中等教育部と高等教育部であり、一貫教育委員会であり、そしてすべての付属幼稚園、小学校、中学校、高等学校に配置された知的財産教育担当責任者や知的財産教育委員会の組織である。

パネルディスカッション「就学前教育を如何に充実させるか～フィンランドに学ぶ」

（7）国際連携を行う知的財産教育

　東海大学モデルの第7の特徴は、上述の「バーサモデル」の研究者や実務家などとの研究会や国際シンポジウムなどを通して知的財産教育に関する国際的な連携を続けていることである。

　2006年2月には、デンマーク・コペンハーゲンの「東海大学ヨーロッパ学術センター」において、北欧諸国の教育学者、心理学者、社会学者、そして知的財産法学者を招聘して「知的財産教育セミナー」を開催した。

付属第五高校　インターアクトクラブの高校生との触れ合い

動くおもちゃ

シンポジウム前日に付属自由ケ丘幼稚園の知財教育を参観

また、同年3月25日には、東海大学付属自由ケ丘幼稚園が、「知的財産教育国際シンポジウム in MUNAKATA」を開催して注目を浴びた。そのテーマは、「今求められる創造性教育はここにある－フィンランドに学ぶ幼児教育～知的財産教育とは～」であり、「バーサモデル」を構築したフィンランドのバーサ市教育部長を招聘し、福岡県や宗像市からの参加協力のもとで開催したものである。

　さらに、同月28日には、東海大学付属高輪台高等学校が、米国の Camp Invention を主催している Inventor Hall of Fame Foundation,Inc. と EU の専門家を招聘して「国際知的財産教育シンポジウム in TAKANAWA」を開催した。

　今後も、さらにアジア諸国などにも拡大した知的財産教育の推進や情報交換のための国際連携を予定しているところである。

3．東海大学の建学の精神と知的財産教育 ―「高校現代文明論」－

　東海大学における「現代文明論」は、創立者松前重義が戦後、新制東海大学の教壇に立ち、電気概論という講義の中で、自らの考えを話し始めたのがきっかけである。それが正式に「現代文明論」という独立した科目となり、入学した学生全員に必修として課しているものである。

　松前重義は学生に向かって、「人生如何に生きるべきか」と問いかけ、「勝利の人生」を獲得するために、どのようにして「思想を培う」べきかを語り続けた。ここでいう「勝利の人生」とは、単に立身出世や裕福になることではなく、研き得た才能をよりよく使い、生かし、社会へ向かう力とする人生のことである。また、「思想」とは、特定のイデオロギーをいうのではなく、正しいものの見方、より良いものの見方である「世界観」を持つことを意味している。さらに、その「思想を培う」にあたっては、「人道主義・人格主義に基づいたものでなければならない」と続けている。これが、東海大学の建学の理念を支える思想基盤である。

　東海大学の建学にあたり、その教育の範としたものはデンマークにある。松前重義は常々、「デンマークの歴史に学べ」と言い続けた。デンマークは戦争によらず教育によって平和で平等な社会を作り上げたからであり、人類はそうした方法で社会を作るべきであると考えたからである。自らの人生の師と仰ぐ内村鑑三の思想的影響や松前重義自身の強烈な戦争体験から得た思想である。これは東海大学が継承すべき思想であり、これらを示す「現代文明論」の大切な枠組みのひとつである。

　松前重義は約40年にわたって語り続けた。そして、松前重義没後、その思想を学び、生徒一人ひとりが自ら人生や社会のさまざまな問題について考える機会として、「高校現代文明論」を1994（平成6）年4月から学園傘下のすべての付属高等学校において開始した。

　高等学校における「思想を培う」具体的な目標は、次の4項目である。
　・社会や人生の課題や矛盾を考えさせる。
　・課題や矛盾の原因を探らせる。
　・社会矛盾を解決するさまざまなやり方を理解させる。
　・自己の能力を社会発展のために適用させるにはどうしたらよいかを考えさせる。

　今、自分の身の回りや世の中で起こっているいろいろな問題点を、現在の視点や価値観だけで見るのではなく、歴史の流れの中に捉え、そのうえで課題解決について考える。そして、その問題を自分自身に置き換え、さらに社会に生かし、どう明日につないでいくかが、この学習の一貫した流れになっている。

　ここで、この学習を行ううえで、2つのキーワードがある。1つは、歴史現象や社会現象を捉え

るとき「自然科学を支配する原則が人間の社会や歴史をも支配する」という松前重義の考えがあり、自然科学が明らかにした原則と同じ道を辿った歴史現象や社会現象としてものを見なくてはならない。そうすれば自ずと現在が解り、未来に向けて何を為すべきかが見えてくるというものである。もう1つは、「正しいものの見方・より良いものの見方」を培う時、常にその底辺に「人道主義・人格主義に基づいた思想でなければならない」点がある。この2点を踏まえることで、より良い歴史観・世界観を構築することにつながり、ひいては人生観の確立につながると考える。

　生徒が自ら社会や人生の課題や矛盾に向かい合い、生徒同士が互いに意見を交わし、解決の方向を探る。時には担当教師が人生を語り、時には議論をしながら生徒と共に成長する。その拠りどころとしての「高校現代文明論」である。

§2　初等中等教育機関における知的財産教育の体制

　本学園の初等中等教育機関では、知的財産教育を効果的に進めるために、各組織を有効に機能させ、教職員が一体となって系統的な指導を行っている。また、教科モデル校による研究公開授業の推進や、各校園の研究授業やシンポジウムも実施し、指導者の育成にも力を入れている。

　初等中等教育機関の「知的財産教育」体制は、一貫教育委員会（第五部会）、校園長会議、学園教育機関連絡調整会議、学園オリンピック、知的財産教育モデル校等の組織が機能的に連携し、幼稚園から高等学校までの知的財産教育を同じ方向を向いて推進している。各教員は、担当する生徒の発達段階に応じた具体的なプログラムを作成し、各教科に関する部分は常時、教科内で知的財産教育を取り入れた保育・授業を行っており、今後は全ての教員が「知的財産教育」に関する授業ができることを目標としている。

　具体的には、「総合的な学習の時間」の中で、小学校で年間3時間、中学校・高等学校で年間5時間のまとまった時間を知的財産教育に当てており、その時間を核として指導を展開している。しかし、その時間はあくまで核としてであり、知的財産教育が各教科に関連する部分については、常時、教科指導に取り入れて指導を行っている。

　つまりそうした意味では、本学園では毎日知的財産教育がさまざまな教科を通じて指導されており、特定の担当者だけがこの教育を行うのではなく、全ての教員が知的財産教育に関する授業ができるようにならなければならないと位置づけている。

　このようにして本学園では、知的財産教育は全ての教員を通じて常時行われるべきものとして捉えられ、その実現のためにさまざまな組織が有機的に連携して、質の高い教育を展開するための体制を整え、教育活動に当たっている。中でも、本学園が行っている幼稚園から大学までの一貫教育体制の中で、知的財産教育は特に学園オリンピック・一貫教育委員会・教科モデル校との結びつきが強く、協力体制のもとで推進されている。

　以下に『学校法人東海大学一貫教育委員会の指導・助言による初等中等教育機関の「知的財産教育」体制』に示されている教育組織の経緯と連携状況を述べることとする（26・27頁表参照）。

① 一貫教育委員会
　1992年度から学校法人東海大学に設置されている委員会で、学校法人東海大学（法人）の大学、短期大学（部）、高等学校、中学校、小学校、幼稚園及びこの法人が提携している学校法人が設置する学校の教育の一貫性と融合性の推進を目的として、さまざまな方法論等を検討、協議し、実践するための企画を立案している。
　この委員会に、2003年度から第六部会（知的財産教育部会。2006年度は「第五部会」）が設置され、知的財産教育を本学の教育機関に効果的に推進していくための企画・立案が検討され始めた。

② 第五部会（知的財産教育部会）とTIP（東海大学知的財産研究プロジェクト）
　2003年度はTIPの研究成果をベースにしながら、知的財産教育を実践する教員の研修を行い、生徒に対する教育プログラムの構築と試行実施、教育成果の評価、問題点の分析、更には

教育課程の学生に対する教育プログラムの構築も視野に入れた検討を行った。

第五部会の活動はTIPとの連携によりスタートし、2006年度からTIPは解散して、第五部会が知的財産教育を主導している。

③　第五部会からの指導・助言による初等中等教育機関の「知的財産教育」体制

第五部会から「全ての教科で知的財産教育を意識した教育を行って欲しい。」

（図―2）

東海大学知財教育研究・実践の体制

(1) 東海大学知的財産研究プロジェクト（TIP）（総合研究機構）	→	知財教育カリキュラム・教材の開発・研究・国内外調査・国際普及等
(2) 東海大学一貫教育委員会第六部会知的財産部門	→	知財教育カリキュラム・教材の開発・研究・提案・教員研修等
(3) 全付属校・園の「知的財産教育担当責任者」「委員会」等	→	知的財産教育特別授業等の計画・実践・研究・検証
(4) 学園オリンピック知的財産部門委員会	→	知的財産（アイディア）の創造と発表の体験・講演・パテントコンテストへの挑戦
(5) 初等・中等教育部・高等教育部	→	TIP・一貫教育委員会・学園オリンピック関係マネージメント
(6) 「知的財産戦略本部」（学長直轄機関）	→	学園全体の知的財産マネージメントマネージメント・パテコン支援

という提言と、「年間5時間の知的財産教育を実施して欲しい。」という提言を受けて、初等中等教育機関では校園長会議で吟味し、各校園の職員会議で知的財産教育の主旨や進め方についての共通理解を図り、研究部や学年会議等で具現化して、総合的な学習の時間や高校現代文明論の中で年間5時間の知的財産教育を実施し始めた。（図―2参照）

④　知的財産教育モデル校

初等中等教育機関では、全校園を教科モデル校に設定しており、先進した教科教育を展開して、その成果を全校園で共有する施策を講じている。2006年度の知的財産教育モデル校は、付属第四高等学校・中等部、付属第五高等学校、付属仰星高等学校・中等部となっており、それぞれ個性豊かな知的財産教育を行っている。

例えば、フィンランドのバーサモデル（起業家教育）を基調とした知的財産教育、アイデアの発想法やプレゼンテーションを中心とした知的財産教育、著作権をテーマとした知的財産教育などが積極的に行われている。このうち2校は、2006年度の文部科学省の「著作権教育モデル校」にも指定されている。

⑤　学園教育機関連絡調整会議

学校法人東海大学では、理事長・副理事長・常務理事をはじめ、幼稚園の園長、小学校・中学校・高等学校の校長、大学・短期大学の学長等が参集して年に2回、学園教育機関連絡調整会議を行っている。

この会議では、学園の一貫教育の成果を確認したり、知的財産教育などの学園で取り組むべき課題について連絡・調整を行っており、学園の教育の具体的な方向性を確認している。

⑥　学園オリンピック知的財産部門

付属中学校・高等学校での一次審査を経て、選出された生徒が8つの部門に分かれて学園オリンピックと称した夏季セミナーを行っている。

その中の知的財産部門では、パテントコンテストへの出場や特許出願などをテーマに、「人々を豊かにする発明・工夫」を展開している。

知的財産教育東海大学モデル

学校法人東海大学一貫教育委員会の指導・助言

本学の教育機関（幼稚園から大学院まで）に知的財産教育を効果的に進めるためには、学園の各組織を有研究授業を盛んに実施すると共に、教材の共通利用や指導者の育成が肝要である。また、外部機関との連携

ポイントⅠ	一貫教育委員会第五部会や外部機関との連携が円滑に図れるよう、各校園に「知的財産教育」
ポイントⅡ	組織的、かつ継続的に取り組めるよう、教職員の共通理解を図る。すべての教員が「知的財産
ポイントⅢ	各教科に関連する部分はその教科内で取り入れて指導する。
ポイントⅣ	校園間で授業内容を積極的に公開し、内容の充実と教員のレベルアップに努める。
ポイントⅤ	幼稚園から高等学校まで、それぞれの発達段階に応じた具体的なプログラムを作成する。（テ

一貫教育委員会 → **一貫教育委員会　第五部会**
1. 授業計画書提出（4月）
2. 授業実施報告書提出（8月）

指導・助言

校園長会議 ← **法人企画調整機構　学務局初等中等教育部**

報告

知的財産教育モデル校
・付属第四高等学校・中等部
・付属第五高等学校
・付属仰星高等学校・中等部

校園長

副校長

教　頭

研究部
（幼稚園・小学校は教務部）
「知的財産教育推進委員会」設置
（全教員が指導できることを目標とする）
1. 年間指導計画（内容）立案
2. 年間5時間の知的財産教育授業実施
3. 講師の派遣（発明協会、弁理士など）
4. 教員研修会実施　など

各学年会議
1. 年間指導計画（内容）立案
2. 授業方法の説明と理解
3. 指導形態・指導上のポイント
4. 学年一括授業・クラス単位授業の選択

学級担任
1. 単元指導案作成
2. 事前調べ学習など
3. 資料の共有化

報　告
1. まとめ
2. プレゼンテーション（発表会）
3. 報告書の作成

による初等中等教育機関の「知的財産教育」体制

効に機能させ、教職員が一体となって系統的な指導を行い、モデル校による研究授業の推進ならびに各校園の
をスムーズに行うことができる体制が必要である。

に関する委員会もしくは分掌を設置する。
教育」に関する授業ができることを目標とする。

キストを作成する。)

知的財産シンポジウム
(2005.10.8)
・付属第四高等学校・中等部
『知的財産教育が目指す人物像』
(2006.3.25)
・付属自由ケ丘幼稚園
『フィンランドに学ぶ幼児教育』
(2006.3.28)
・付属高輪台高等学校
『明日を変える創造性教育』

東海大学学園オリンピック（知的財産部門）
【成果】
・パテントコンテスト出場
・特許出願

学園教育機関連絡調整会議

職 員 会 議
知的財産教育の主旨や進め方について、全教職員の共通理解を図る。

知的財産教育を通して育てたい態度・能力と取り組み側		
発達段階	育てたい態度・能力	取り組み例
幼稚園 小学校　低学年	・創造の喜びや楽しみを体験する。 ・自己効力感を大切にした保育・教育を行う。 ・自分を大切にし、他人を尊重する気持ち・態度を育てる。 ・人が創造したものを尊重する気持ち・態度を育てる。	・ストーリーテリング ・積木 ・調べ遊び ・自由製作
小学校　高学年	・知的財産は保護される必要があることを理解する。 ・知的財産は自ら創造し、表現する体験が重要であることを理解する。	・プロジェクトワーク ・グループ作業
中学校 高等学校	・知的財産は保護される必要があることを理解する。 ・知的財産は自ら創造し、表現する体験が重要であることを理解する。 ・知的財産権の内容を理解する。 ・知的財産は社会において活用されることが重要であることを理解する。	・知的財産保護の制度 ・知的財産創造と体験学習 ・知的財産の活用 ・知的財産活用の成功事例

発達段階	知的財産教育を通して育てたい態度・能力と取り組み側	延べ年間特別授業時間数
幼稚園	常時（遊びを通して体験的な活動を行う。)	
小学校　低学年	総合的な学習の時間	3時間程度／学年
小学校　高学年	総合的な学習の時間	3時間程度／学年
中学校	総合的な学習の時間	5時間／学年
高等学校	総合的な学習の時間（高校現代文明論）	5時間／学年

知的財産教育東海大学モデル

学校法人東海大学
初等中等教育機関における学園教育機関協力関係相関図

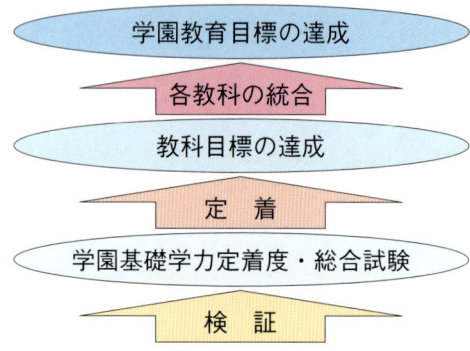

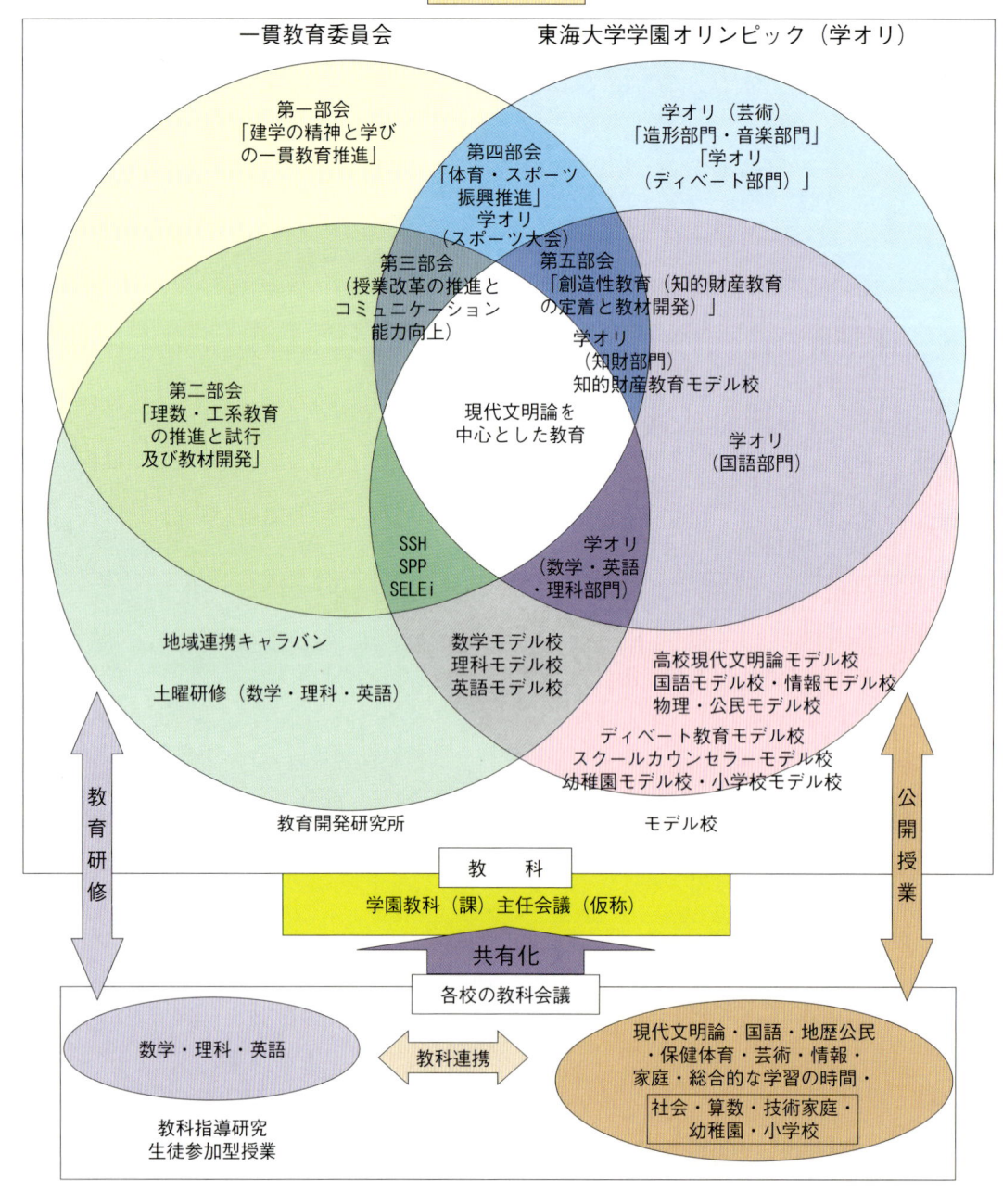

学園教育目標の達成
↓ 各教科の統合
教科目標の達成
↓ 定 着
学園基礎学力定着度・総合試験
↓ 検 証

一貫教育委員会 / 東海大学学園オリンピック（学オリ）

- 第一部会「建学の精神と学びの一貫教育推進」
- 第二部会「理数・工系教育の推進と試行及び教材開発」
- 第三部会（授業改革の推進とコミュニケーション能力向上）
- 第四部会「体育・スポーツ振興推進」 学オリ（スポーツ大会）
- 第五部会「創造性教育（知的財産教育の定着と教材開発）」

学オリ（芸術）「造形部門・音楽部門」
学オリ（ディベート部門）
学オリ（知財部門）知的財産教育モデル校
学オリ（国語部門）
学オリ（数学・英語・理科部門）

現代文明論を中心とした教育

SSH / SPP / SELEi

地域連携キャラバン
土曜研修（数学・理科・英語）

数学モデル校
理科モデル校
英語モデル校

高校現代文明論モデル校
国語モデル校・情報モデル校
物理・公民モデル校
ディベート教育モデル校
スクールカウンセラーモデル校
幼稚園モデル校・小学校モデル校

教育開発研究所　モデル校

← 教育研修　　公開授業 →

教　科
学園教科（課）主任会議（仮称）
↓ 共有化
各校の教科会議

数学・理科・英語　 ←教科連携→ 　現代文明論・国語・地歴公民・保健体育・芸術・情報・家庭・総合的な学習の時間・社会・算数・技術家庭・幼稚園・小学校

教科指導研究
生徒参加型授業

28

§3　幼稚園における知的財産教育の取り組み

1．はじめに

　知的財産推進の3つの柱は、創造・保護・活用であるといわれている。それぞれの項目について幼児に直接に関わる課題を省察することも大切であるが、大きくは自分の作成した事物を尊重し、他人の作成した事物をも尊重するという知的財産マインドを醸成することが課題である。知的財産の認識と尊重の精神とは今、まさに幼児の時から日常的に遵守すべき最も根本的な社会通念として、身につけさせていくことが大切である。

　しかし、知財社会の活性化を促進する根本の力は〔創造〕である。知財社会を支える創造力の育成こそは幼児期からの知的財産教育の最重要課題といえる。本学園の幼少期における知的財産教育は、特に、この点を重視して活動している。

　基本的なあり方については、フィンランドのバーサ市の取り組みを参考としている。

2．知的財産教育の目的および目標

　本学園では、年長児以前と5歳児から小学校の低学年（1・2年生）までとに大きく区分し、特に5歳から小学校の低学年（1・2年生）を幼少期として知的財産教育の発達的段階の初歩と捉えている。

　教育目的：自分の創作物を大切にすると同時に、友達の作ったものも尊重し、創造的活動に意欲的に取り組み、知的財産を尊重する精神とルールに触れ、知的財産マインドを醸成する。

　　　　　　発達過程の特性として、この時期を「好奇心と幼少期特有の独創的な試行のスキルを育む時期」とする。

　教育目標：以下の4項目を教育目標とする。

　　① 自己効力感（有能感）を育てる

　　　　基本的には担任との信頼関係を築きながら、自己肯定感を高めることである。自分には良い力がある・人の役に立てる・失敗してももう一度やり直す力がある・遊びや生活などさまざまな事象で新しさを拓く喜びをもてる・最後までやり遂げる見通しがもてるなど向日性豊かに生活する態度を培う。

　　② 社会性を育む

　　　　言語による意思の疎通が図れる力・各自の夢や望みや願いを言語などを使って他へ伝える力・自己主張ばかりではなく人の意見にも耳を傾け理解することが出来る力・思いやりや労わりを示せる力・友だちと協力して問題や課題を乗り越える力・友だちと柔らかい係わりが持てる力・自己を抑制する力などを身につけること、これが未来の時代を担う時の大事な礎になる。

　　③ 創造力を高める

　　　　幼児の教育は環境を整え、遊びを通して①、②を培うことが原則である。

　　　　遊びを通して好奇心も満たし、幼児期に独特なアイデアをさまざまに試すことが出

来るようにする。

　子どもの思いを汲んで保育室に、時には広い遊戯室に、あるいは園庭にいつでも活動が始められるように、共に環境を整えることが大切である。

　子どもが活動に行き詰ることがあれば、一緒に考え合うことが大切である。決して、先回りをして解決策を授けるべきではない。子どもたちの考え合える力を信じて、大人には及びもつかない独創的なアイデアに出合えるのをゆっくりと待つ気持ちが大切である。

- 教員もさまざまな教材や遊具や工具や道具などを駆使する知識や保育技術を広く身につけることが求められている。
- 子ども達の創造力を高めることと同じように教員も指導力の向上を目指さなければならない。

④ 著作権を知る

　特に、この時期は子ども達のために絵本や物語を読むことが多い。作者やイラストレーターや翻訳者や出版社を必ず伝えることとする。また、教員もこれらのコピーを撮ったり、プロジェクターに取り込んだりする時には、出版社の著作権担当部署と連絡をし、必ず許可を取り付けるなどを怠り無く励行し、著作権ルールに則った活動を幼少期に提示する。

3．授業の形態

〔A〕特別授業カリキュラムによる展開

　幼少期（年長児・小学1・2年生）には知的財産教育の特別授業は行わないこととする。教科的に教えることではなく、環境を子どもと共に整え、好奇心を豊かにし、興味を助長し、自らの学びの深まりを誘発することが大事である。遊びが主眼である。しかし、無軌道で野放図な方法を遊びとはいわない。

　4歳児以前の特別カリキュラムについては、対象としないが、発達段階に沿った日常の園活動において恒常的に知的財産教育に取り組むものとする。

〔B〕各分野における保育展開

　学齢の特性や発達段階に則した目標を立てる事が大切である。各幼稚園でのカリキュラムの中に組み入れて実施する。さまざまなスキルの向上も、仲間育ちもそれぞれの発達段階に応じて取り組むことが大切である。

《満3歳児・3歳児》

　この年齢は、身近な遊びを発展させることが特に大切である。掌や指先の発達も充分ではないので、自分の思い描いたように仕上げることが出来ない。

　途中で、別の目的に用途が変わる場合なども珍しくないが、最後まで取り組めるように、励ましや支援など教員の関わりに工夫が必要である。

- おみせやごっこ（おもちゃ屋さん、お菓子屋さん、ケーキ屋さん、回転寿司屋さん、紙を使ったグッズ屋さん、など）
- 乗り物ごっこ（電車、自動車、バス、タクシー、新幹線など）
- ダンスごっこ（チアリーダー、ダンス、ポンポン、遊戯、歌など）

・人形劇ごっこ（即興の物語作り、人形作り、物語の続き・発展など）

《4・5歳》
・チアリーディング（チアリーダー、ダンス、ポンポン、衣装作りなど）
・劇遊び（既成の物語の劇化、オリジナル物語の劇化、日常の劇遊びなど）
・絵本作り（物語づくり、絵本作り、劇作り、読み聞かせなど）
・廃材遊び（さまざまな素材に触れて、新しいものを作る遊び）

TIP　Weeks　3歳児　付属本田記念幼稚園（神奈川県）

お話作り　人形劇遊び

お店屋さん　品物作り

ケーキ屋ごっこ 付属かもめ幼稚園（熊本県）

チアリーダー
付属本田記念幼稚園（神奈川県）

知的財産教育東海大学モデル

- 自然物遊び（見立て遊び、製作活動、表現遊びなど）
- 街づくり（高速道路、飛行場、電車、建物作りなど）
- 木工遊び（車作り、乗り物作り、のこぎり・釘など工具とのかかわりなど）
- 科学遊び（乗り物作り、電池遊び、紐や紙やゴムなどを使った動力遊びなど）
- エコ（紙などのリサイクル、葉書作り、団扇作り、廃材の活用遊びなど）
- お祭り広場（広場のイベント、夜店ごっこ、お祭りの装飾づくりなど）
- 役割のあるごっこ遊び、鬼ごっこ（ルールを新しく作って遊ぶ、遊びを作るなど）
- 「大きくなったら　プレゼンテーション」（発表会・誕生会で、将来の夢を語るなど）
- 募金活動（地震被災地などへ、ペーパーホルダーなどを作成して資金作りをする）
- 交流保育（付属中学校・高等学校生徒との交流保育で、新しい経験をさせる）　等々。

バンドフェスティバル
静岡地区では年に一度、幼稚園から大学まで、一堂に会して、鼓隊演奏とチアリーディングの発表を行っている付属幼稚園（静岡県）

4歳　散策で見つけた自然物を生かして
付属自由ケ丘幼稚園（福岡県）

TIP　Weeks　本田ファインの活動
付属本田記念幼稚園（神奈川県）

5歳　劇『ライオンのめがね』小道具作り
付属かもめ幼稚園（熊本県）

4．幼少期の知的財産教育を展開する上での留意点

　幼児教育は遊びと環境による教育が重要であることは「幼稚園教育要領」等でも謳われている。幼児教育で知的財産教育を実施する場合にも、この基本を踏み外すことはできない。幼少期特有の独創的な試行はさまざまな遊びの中で行われており、スキルの向上が図られている。

　特に重要なことは、「出る杭を伸ばす教育」である。子ども達と共に、さまざまな事物・事象に出会い、幼稚園生活を創造性豊かに、深め、広げていけるように、日々の保育を展開すべきである。

　本学園の一貫教育を足掛かりに、フィンランドやアメリカおよび近隣諸国の取り組みなども視野に入れながら、知的財産教育の推進を図っていくことが大切である。

5歳　絵本作り『ぴょんみちゃんとぴょんこちゃん　ゆうえんちにゆく』付属幼稚園（静岡県）

4歳、5歳　電池遊び『車作り』付属本田記念幼稚園（神奈川県）

付属高校生・科学クラブ出前授業
「巨大シャボン玉」付属自由ケ丘幼稚園（福岡県）

§4　小学校における知的財産教育の取り組み

1．はじめに

　小学校における知的財産教育で最も重要な視点は、感受性の豊かな児童の心の創造性を開拓し、互いの違いを尊重できる心の育成を目指すところにある。この精神は小学校教育においてあらゆる場面で育成していくことが求められている事柄であり、またその中から知的財産の基本的な通念としての創造・保護・活用をどのように授業の中で指導していくのかが課題となっている。
　そこで、知的財産教育のこれらの視点を各教科で具体的な授業展開をしていくように確認してきた。この視点に立ち、小学校における知的財産教育の概要について述べることとする。

2．知的財産教育の目的及び目標

教育目的：心の成長と共に自他の違いに気づき、創造的な活動を通して、互いに尊重し、認め合える精神と知的財産を理解し、尊重する心の育成をする。

教育目標：以下4項目を教育目標とする。
　①体験を通して創造する喜びと達成感を得られる教育を行う。
　②自分を大切にし、他人を尊重する気持ちと態度を育てる。
　③人が創造したもの（知的財産）を理解し、尊重すること、またそれを保護する大切さを理解する。
　④自分で創造したり、社会で活用されたりすることの重要性を理解する。

3．授業形態

〔A〕特別授業カリキュラムによる展開

　各教科にまたがる総合的な学習時間の中で、あえて知的財産教育を位置づけて実践するのではなくとも、知的財産教育になりうる創造教育の実践をしていくことが大事である。すなわち授業を展開する中で授業担当者がその中に創造性や他を思いやることの重要性を意識することで知的財産教育の実践が可能ということを確認し合うことこそが重要である。

1年：① ドルードル遊び（創造）
　　　② 発明って？（保護）
　　　③ 自分をよりよくしよう（活用）
2年：① ドルードル遊び（創造）
　　　② 発明って？・Cマークって何？（保護）
　　　③ 自分をよりよくしよう。クラスをよりよくしよう（活用）
3年：① ドルードル遊び・発明家を探せ（創造）
　　　② 発明って？・Cマークって何？・ネチケット！？（保護）
　　　③ クラスをよりよくしよう。学校をよくするアイデア募集（活用）

4年：① ドルードル遊び・無人島漂着、あなたならどうする？・発明家を知る（創造）
　　　② Ｃマークって何？・ネチケット！？・特許＆著作権ＶＴＲ「アラレちゃん」（保護）
　　　③ クラスをよりよくしよう。学校や社会をよくするアイデア募集（活用）
5年：① 発明に挑戦（創造）
　　　② 商標ＶＴＲ「コボちゃん牛乳」（保護）
　　　③ 日本をよくするアイデア募集！先人の工夫を学ぼう（活用）
6年：① 会社を作る！？（創造）
　　　② 知的財産制度を知る（保護）
　　　③ 地球をよくするアイデア募集（活用）
・自分の見る目、他人の見る目
・インターネット活用

〔Ｂ〕各教科における授業展開

≪国語≫

【１年】「文字指導」

　創造したことを表現していくための国語教育は、１年生はまだ入門期である。４月から文字指導を行っているこの段階では、習った文字を使った言葉集めをし、やがてカタカナ・漢字を使った短文作りで、正しく使う力を育てるとともに、創造する力を培うよう導いていく。

【２年】「絵本づくり」

　「はじめ・なか・おわり」の３枚の絵を用意して、その絵からお話を考え絵本を作る。絵を見て自分の世界を作り上げていくことで、創造する力を培っていく。

【３年】

　３年生ではフィンランドの教育方法の作文指導（短文作り・カルタ作り）を思考することを通して、知的財産教育を実践する。フィンランドの５つのメソッドは以下のようになっている。①発想力　②論理力　③表現力　④批判的思考力　⑤コミュニケーション力

【４年】物語「一つの花」

　場面絵を描きながら、ゆっくりと読み取りを行い、理解が深まったところで「主人公から天国の父親へ」「天国の父から主人公へ」の手紙を書いてみた。手紙を読み合い、違いやよさを認め合う。

【５年】「ワークシートは白紙で！」

　どうしてもつい、与えすぎ、画一化しがちだったワークシートを白紙にし、それぞれが創意工夫し、個性を生かしながら、まとめていく学習を少しずつ増やしていく。

【６年】「平和のとりでを築く」

　創造単元として発展させて、インターネット学習を取り入れる。自分の考えを伝える方法として、日本にある世界遺産に興味を持ち、調べ、まとめ、そして発表するようにする。今後は、世界中にある世界遺産についても調べていく。

≪社会≫

【３年】

　働く人々の工夫に気づかせたり、スーパーの商品陳列方法改善についてオリジナリティ溢れる意見を発表させたりすることを通して、自分の身の回りにあるものへの関心を高めさせることができる。

【４年】

1年間、「ゴミ（環境）」をテーマに創造教育を展開する。清掃工場、下水処理場、ろ過器作り、割り箸問題、総合「羽衣伝説」といった内容を扱う。

【5年】
　「米作り」「水産業」「工業」を中心に、「もしも自分がそこで働くなら…」を考えさせる。「自分だったらこうする」という意見や、「もっとこうして欲しい」等、子どもたちは楽しみながら、それぞれの単元について考えを深めることができる。

【6年】
　5年生同様、度々「もしも自分がその時代に生きていたら」や、「もしも、自分が徳川家康だったら」などの問題提起をする。当時と現代の違いを考慮した上での話し合いができ、歴史的人物への興味を高めることができる。

≪算数≫
【1年】「かたち」
　様々な形の箱を集め、その形の特徴を生かして工夫する。ものを作る活動では、形の機能面やその形の特徴を生かし、自由な発想、表現が引き出せる活動とする。同じ箱の形をみても、一人一人の見立て方があり、いろいろな視点があり、友だちの面白い発想に気がつく活動にもなる。

【2年】「かけ算」
　乗法の意味を理解し、乗法九九の構成・暗唱の学習後、さらに操作活動を通して乗法を考える力や数の多様な見方をする力を培うために、星の総数を求める学習を体験する。

【3年】「形」
　この単元において、様々な形をストーリーに合わせて動かしたり、ボードに貼らせたりしながら、児童の意欲を持続させたり、理解を深めさせたりする。また「からくりパズル」の制作や操作を通して、図形の面白さを実感させる活動を取り入れる。

【4年】「面積」と「わり算」
　「新しいものを作り出す」というより「誰が一番、色々な解き方を思いつくか（面　積）」や「問題作りをしよう（1けたでわるわり算）」という授業展開をする。また、間違えた子どもの発表を大切にし、その発表を元にして正答に導く授業を心がける。

【5年】「図形の角」
　子ども達が角の大きさをどのように求めたのか、お互いに発表し合い、伝え合うことで、角の大きさを求めるのにも、様々な方法があるということに気づく。どこに着目するかによって角の大きさを求める方法も変わってくるということを実感させる。

【6年】「立体」
　立体の6つの面をどう組み合わせるかによって、展開図の形が変わっていくため、子どもの自由な発想、表現を引き出せる活動となる。また作った展開図を話し合うことで、視点（着眼点）の違いに気づき、他を認めることにもつながる活動となる。

≪理科≫
【1・2年】＜生活科＞
　「冬休み中の出来事」という同じテーマでも、植物の話や雪の話など、一人一人、書くことは違う。授業中の「外で白い物（冬の色）を探してこよう」という課題に対しても、ミカンの皮や鳥の羽根や貝殻など様々である。

【3年】

小学校における知的財産教育の取り組み

ハンググライダーのモデルとなったアルソミトラというインドネシアの翼を持った種と同型の紙飛行機作りを通して、生命の不思議を体感する。

【4年】
スチロール球に棒を刺して片手に持ち、暗室で太陽の代わりに強い光を当て、自分の頭を地球に見立てて回ることで、月の満ち欠けを体感する。

【5年】
科学クラブの過去の実践記録を元に、尿素で飽和水溶液を作ってツリーを作成する。冷たい雪も体感する。

【6年】
生命の星・地球博物館（神奈川県）を見学。小学校理科学習の集大

ビーチコーミング

ネイチャートレイル

ミズウオの解剖

海洋学部の実験施設での学習

37

成ともなる「人と環境」の学習へのステップとする。
【全学年共通】
　ネイチャー・ゲーム：背中にそれぞれ生き物の絵を貼り、自分の生態や特徴について周りに質問し、背中の絵を当てるゲーム。アイスブレイクにも使える。
　プロジェクト・ウェット：水面にクリップを幾つ浮かべられるか競わせたり、液体洗剤を垂らして表面張力を壊すことでクリップを沈めたり、水の不思議を体感する。
【総合】
　洋上教室、ビーチコーミング、ミズウオの解剖、ウミガメの放流、地引き網体験、三保の松原散策などを行う。

4．知的財産教育を展開する上での留意点

　小学校教育においては、総合的な学習を福祉・環境・国際理解・情報のそれぞれの分野を統合する形で実践されることが謳われている。

　知的財産教育を実施する場合にも、これら4分野の基本的な視点を捉えて推し進めていくことで、総合的な学習との連関が図れるものである。少年期の豊かな感受性を大事にし、自由な発想で物事に対応しようとする創造性豊かな教育実践を展開することに留意したい。

§5　中学校における知的財産教育の取り組み

1．はじめに

　中学校における知的財産教育は、高等学校におけるその開始後3年が経過した2005年度から開始された。中学校において知的財産教育を展開するに当たり、2004年度の夏に本学初等中等教育の知的財産教育推進責任者ならびに東海大学知的財産教育研究プロジェクト（TIP）のメンバーが一堂に会して、教育目的、目標および授業展開の具体的方針を定めた。この決定内容をもとに、各中学校で現状に則した知的財産教育授業案を作成し、実施する運びとなった。

　その後、2004年度夏に決められた教育目的、目標および授業展開の具体的方針を各校で十分に検討した成果を、3月末に各校知的財産教育推進責任者達が持ち寄って報告会を実施し、新たに中学校3年間で実施される知的財産教育の中で必ず指導・定着させなければならない項目を検討・確認した。

　以下では、これらの経緯を経て決定された中学校における知的財産教育の概要を述べることとする。

2．中学校における知的財産教育の目的および目標

　教育目的：創造性豊かで平和な社会の構築に知的財産と知的財産制度が果たしてきた役割を知る。

　教育目標：以下の4項目を教育目標とする。
- 知的財産は財産として保護される必要があることを理解する。
- 知的財産は自ら創造し、表現する（あるいは、権利を取得する）体験が重要であることを理解する。
- 知的財産権の内容を理解する。
- 知的財産は社会において活用されることが重要であることを理解する。

3．授業の形態

　知的財産教育を展開する上で重要なことは、いつ、どこで授業を展開するかを考えなければならないことである。知的財産教育は従来の日本において全く行われていなかった内容であり、かつ、幅広い知識やモラルを育成する「真の学力」を育成するための教育であることから、「総合的な学習の時間」等の特別授業形態を活用することが第一に考えられた。

　しかし、これが特別授業形態のみで展開された場合、生徒と教員が「知的財産教育＝特別な教育」であるとの認識を持ってしまう危険性が高い。本学園の目指す知的財産教育は「創造性教育」の一環として位置付けられており、現在行われている一般の授業における実践目標と到達点は全く同じである。

　以上のことから、中学校における知的財産教育に関する授業は、〔A〕特別授業カリキュラムに

よる展開 〔B〕各教科における授業展開 の2通りで展開することにした。

〔A〕特別授業カリキュラムによる展開

各中学校の取り組みに対する質的均整化を図るために、以下の内容で授業計画を作成することにした。具体的な授業例は実践編（77頁～）を参照願いたい。

> 授業の形態：グループワークを主体とした体験型の学習形態を基本とする。
> 中学1年生に対しては、全付属中学校共通の授業案・資料を用いて、知財教育の重要性を理解させるガイダンスを1時間導入する。
> 全付属中学校共通の授業案・資料を用いて、知的財産権の保護・尊重に関する内容の授業を3年間で必ず1回以上行う。
> 年間5時間以上の特別授業を実施する。その際、必ず学年完結のテーマを設定し、以下の授業展開法を厳守する。
　　a．授業の目的を明確に生徒に示し、教員が具体的な例示を行った上で授業に入る。
　　b．aを受けて、生徒が活動した内容（調べ学習・体験等）は、必ず発表させる。
　　c．教員が必ず総括を行い、関係する知的財産権に関して法的な視点での保護・尊重を意識したまとめを行う。

〔B〕各教科における授業展開

各教科における知的財産教育は、各教科の教育内容に知的財産に関する情報や知識を取り込む方法、各教科の教育の実施に伴うインターネット利用におけるルールやプレゼンテーション、レポート作成・提出における著作権を主体としたルールを教える方法、各教科で従来から行われていた創造性育成に関する内容を更に発展させて展開する方法等が考えられる。

ここでは、東海大学付属第四高等学校中等部で展開された授業例を紹介する。

（2005年　一貫教育第六部会資料　山中湖研修センターにて）

教科	授業タイトル	内容
国語	札幌駅　9時05分	「視点を変える」をテーマに、同じ時間・空間であっても人によって置かれた状況が違う事を、小説の創作を通して理解させた。
理科	モーターはこう使いましょう	「クリップモーター」の回転を利用して何か作れないかという、「商品開発」的要素を取り入れた授業展開で、知的創造サイクルを理解させた。
社会(地理)	札幌観光案内プラン作り	生徒自らが観光客対象に観光案内プランを作成し、このプランについてプロの視点からの講評をもらい、創造性を育む授業を展開した。
英語	四中英語クロスワード・パズル集	自分達で作ったクロスワード・パズルを利用し、創造性を養いながら楽しく自然に単語が覚えられる授業を展開した。
数学	万華鏡から覗く幾何	普通の万華鏡と立方体の形をした万華鏡を作り、閉じた鏡の世界から映される幾何を生徒自らが創造し、創造することの楽しさを理解させた。
体育	体を使って楽しく表現	仲間と助け合いながら道具を使わず、身体を精一杯活用して物を表現する事を各グループで考えることで創造性を育む授業を展開した。

４．知的財産教育を展開する上での留意点

　知的財産教育においては、モラルの育成が重要であるとの提言が多く見られるようになった。この際のモラルは「知的財産の保護」に焦点が当てられることが多い。この「知的財産の保護」という視点も、知的財産教育における重要な要素である。

　しかし、知的創造物がどのように活用されるべきかという視点に立った教育も必要である。すなわち、「何のために創造的な活動を行うのか」「自分の考えた創造物が社会に対してどのような影響力を持つのか」という、平和で豊かな社会を実現するために知的財産が大きな役割を果たすものであるという確固たる思想の形成も知的財産に関するモラルの涵養にとって重要であることを常に意識しておかなければならない。

§6　高等学校における知的財産教育の取り組み

　高校レベルでの知的財産教育に関しては、知的財産の「創造」、「表現」、「制度の理解」、「活用の重要性」という4つの知的創造活動の上に成り立っている。

　現在、付属高校では毎学年最低5時間の特別授業が準備され、各校の現状や地域に合わせた知的財産教育が実施されている。特に知的財産の「表現」を取り入れた部分、「夢を形にする課題解決力の発揮」が学園オリンピック「知的財産部門」に集約されたといえよう。

　高校での知的財産教育の体系の事例を示してみよう。この内容については、各付属高校の委員で検討を重ね、5時間で行うモデルとして提示されたものである。（資料1を参照）

1．知的財産の創造　各学年2時間

　1学年　a.知的財産の必要性：産業・文化における役割を実例を通して理解する。
　　　　　b.発明・発想の実践（グループ・ワーキング）
　　　　　　⇒　発明・工夫の実例観察
　2学年　発明・発想の実践（グループ・ワーキング）
　　　　　⇒身近なものを工夫・改良してみよう
　3学年　発明・発想の実践（グループ・ワーキング）
　　　　　⇒未来の商品開発

2．知的財産の表現　各学年1時間

　1学年、2学年、3学年　発明概要書・図面作成、プレゼンテーション
　（学園オリンピック知的財産部門等への挑戦）

3．知的財産制度の理解　各学年1時間

　1学年　知的財産制度の歴史
　2学年　知的財産権の種類と内容
　　　　　　（特許権、意匠権、商標権、著作権等）
　3学年　知的財産権の効力と制限
　　　　　　（侵害、知的財産制度の問題点、代表的訴訟調査等）

4．知的財産活用の重要性　各学年1時間

　1学年、2学年、3学年　知的財産を活用した事例の学習（社会的影響）

(2005年　一貫教育第六部会資料　山中湖研修センターにて)
資料1　東海大学付属第五高校2005年度知的財産教育の実施例（各学年5時間）

1学年 （高校現代文明論Iの中で学習）	2学年 （高校現代文明論IIの中で学習）	3学年 （高校現代文明論IIIの中で学習）
1．知的財産の創造I a. 知的財産の必要性：産業・文化における役割を実例を通して理解する。 「知的財産教育のガイダンス」 （知的財産教育の目的と3年間の知的財産教育の流れを説明） ◎高校知的財産教育プログラムの紹介	1．知的財産の創造I 発明・発想の実践 （グループ・ワーキング） ⇒　身近なものを工夫・改良してみよう。 「発明の歴史II　ノーベル・無装荷ケーブル」（2年生での知的財産教育のガイダンス。発明の歴史から現代の発明までを紹介する。） ◎発明物語（身近な発明II）	1．知的財産の創造I 発明・発想の実践 （グループ・ワーキング） ⇒　未来の商品開発「発想法の学習ブレーンストーミング法・KJ法・NM法」 （3年生の知的財産教育のガイダンス） ◎未来の商品開発
1．知的財産の創造II b. 発明・発想の実践 （グループ・ワーキング） ⇒　発明・工夫の実例 「発明の歴史Iと特許権」 （人類の発明の歴史を紹介し、特許制度の成り立ちを考える。古代から近代まで） ◎発明物語（身近な発明I）	1．知的財産の創造II 発明・発想の実践 （グループ・ワーキング） ⇒　身近なものを工夫・改良してみよう。「デザイン・ネーミング体験」 （意匠権の紹介。デザインとネーミングの実習） ◎デザイン・ネーミングに挑戦	1．知的財産の創造II 発明・発想の実践 （グループ・ワーキング） ⇒　未来の商品開発 「発明体験」 （発明体験実習　カップ麺、文房具） ◎模擬会社の設立
2．知的財産の表現　（全学年とも実施） 発明概要書・図面作成、プレゼンテーション （学園オリンピック知的財産部門等への挑戦） 「暮らしをゆたかにするアイデア」学園オリンピック知的財産部門 （学園オリンピックの紹介と作品実習） ◎学園オリンピックに向けた取り組み		
3．知的財産制度の理解 知的財産制度の歴史 「クイズで学ぶ知的財産教育」 ◎クイズ形式で知的財産を学ぶ	3．知的財産制度の理解 知的財産権の種類と内容 （特許権、意匠権、商標権、著作権等） 「クイズで学ぶブランド編」 ◎クイズ形式で知的財産を学ぶ	3．知的財産制度の理解 知的財産権の効力と制限 （侵害、知的財産制度の問題点、代表的訴訟調査等）「知的財産の侵害問題　アニメ映画のコピー」 ◎知的財産権を守るマインド
4．知的財産活用の重要性 知的財産を活用した事例の学習（社会的影響）「ユニバーサルデザイン」 ◎だれにでも優しいユニバーサルデザインを学ぶ	4．知的財産活用の重要性 知的財産を活用した事例の学習（社会的影響） 「企業の仕方」 ◎知的財産を活用する社会について。	4．知的財産活用の重要性 知的財産を活用した事例の学習（社会的影響） 「現代社会での知的財産」 ◎社会的なトラブル、青色発光ダイオード事件

学園オリンピック「知的財産部門」は、日頃実施されている知的財産教育の実践の場として、その占める位置は大きい。その開催の趣旨は、以下の通りである。

「本学は、理工系の大学として、無装荷ケーブルの発明者である松前重義博士の意思の基に創立された大学であり、建学の精神に基づき、創造性や個性を尊重し、総合的な視野をもって問題解決

を図っていくことのできる、ヒューマニズムに満ちた人材の育成を心がけています。

　現在、本学の一貫教育の一つとして、「知的財産教育」を掲げておりますが、特に一昨年度より一貫教育委員会の中で知財教育の必要性とその具体的内容のあり方が論議されました。

　こうした議論から、教職員並びに生徒諸君にその内容の理解を図り、それを具現化するものとして、学園オリンピックに「知的財産部門」の実施が行われました。

　その中で培われた成果を様々な機会および場面において発展させ、生徒個人が勉学の目標をよりしっかりと持てるようになるとともに、発明や起業等の知的財産に対する具体的な興味と関心を通して、社会に対する貢献心と勉学へのより強い意欲を持たせることが可能となって来ております。

　なお、今年度も、全国的に開催されるパテントコンテストに対応することも視野に入れております。」

（学園オリンピック「知的財産部門」企画書　「学園オリンピックの趣旨」より）

§7　学園オリンピック（知的財産部門）

1．学園オリンピックのプログラム

　学園オリンピック知的財産部門は、本学園の知的財産教育のいわば圧縮版である。
　ここでは、東海大学モデルの創造性教育、科学技術教育、起業家精神教育、そして知的財産制度理解の教育が集中的に実施され、自己のアイデアをプレゼンテーションしたり、グループ・ワーキングにより協調性やリーダーシップを養う体験をし、その成果は文部科学省、特許庁等が主催する「パテントコンテスト」や大学への進学における報奨にも結びつくものとなっている。
　学園オリンピック知的財産部門は、本学園のすべての付属中学校と高等学校で行われる第1次審査に合格した約20名の創造性豊かな生徒たちが、全国から群馬県嬬恋村の「東海大学嬬恋高原研修センター」に集合して、毎年7月31日から8月5日までの約1週間開催される。
　学園オリンピックへの応募用紙は、「パテントコンテスト」の形式に倣ったもので、創造的なアイデアを形にするための表現の工夫が随所になされている。（資料2（47ページ）を参照）
　募集するアイデアの課題も「夢の文房具」（2004年度）、「暮らしをゆたかにするアイデア」（2005年度）等、生徒にとって身近で取り組みやすいテーマ設定がされている。オリンピック期間中は知的財産マインドや創造性を伸ばすプログラムが随所に盛り込まれており、アイデアを自分の力で形にし、プレゼンテーションできるまで助言し、支援している。（資料3（48ページ）を参照）
　第1日のプログラムは、基調講演でオリンピックの意義を確認し、模造紙による1次レポート発表の準備

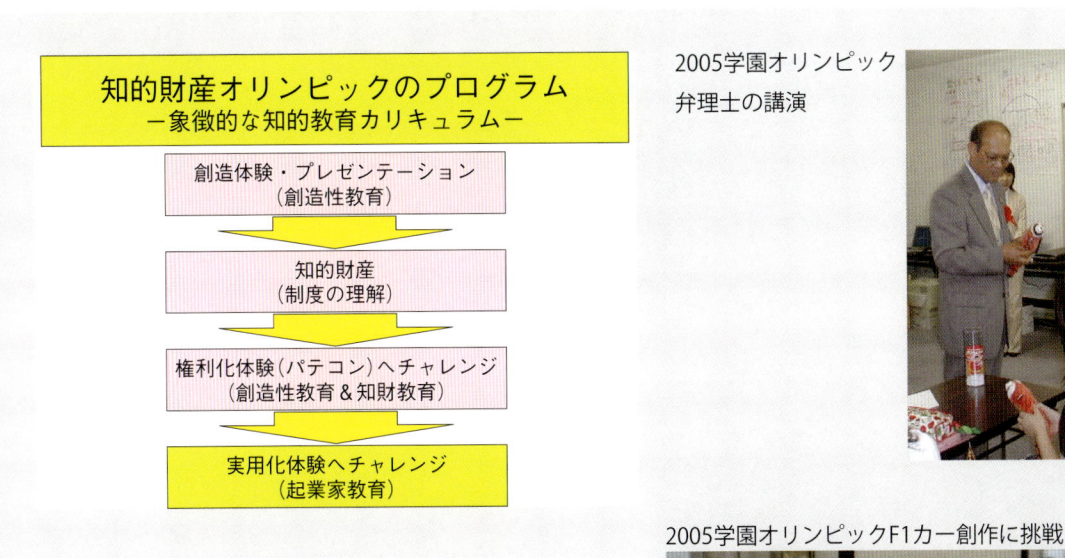

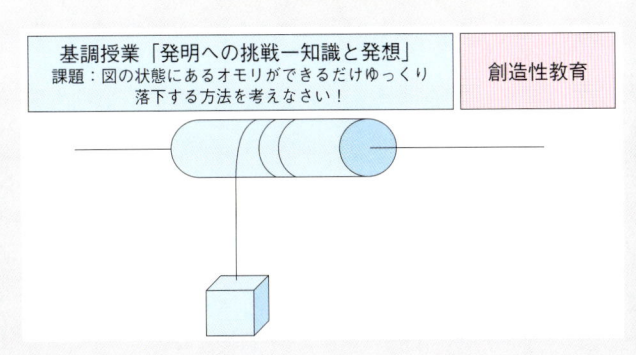

で自己のプレゼンテーション力を引き出させている。

　第2日は、1次レポートの発表で自己の創造物に自信を持たせ、午後からはプロジェクトX（NHK番組）等の視聴や、知的財産の問題点をドラマ化した「知的財産劇場」を通して知財マインドの醸成にポイントを置いている。また午後のプログラムでは、「東海F1カー」と称し、チーム活動によって、きわめて制限された条件と材料で最長走行の「F1カー」を製作し、翌日の走行レースの準備を行う。

　第3日は、知的財産の保護の視点から、弁理士による知的財産ドラマや特許出願に関する講演があり、また発明に関する秘話や発明概要の作成ガイダンスを行い、模擬パテントコンテストへの動機づけをする。

　第4日は、発想法を学ぶことにより、自分のアイデアを再検討して、パワーポイント作成へと展開していく。その間に、野外での小ハイキングを入れたのは、広大な自然の中で頭脳のリフレッシュと、新アイデアに再度挑戦させる意欲を湧かせる企画である。

　第5日は、メインテーマである「模擬パテントコンテスト」で、自分の作品をパワーポイントでプレゼンテーションし、会場の全員に成果を問うのである。生徒達は、この発表のために、約1週間に及ぶ創造活動に取り組む。それは貴重な体験であり、知的財産教育の結晶といえるものである。その夜の閉会式では、参加した生徒全員に修了証が渡される。また、初日に出された課題、例えば、「いかにゆっくり物体を斜面上で転がすか」の問いには、想像をはるかに越えたユニークな答えが返って来たり、「東海F1カー」レースでは毎年新記録が出されることも、創造性を育てた成果といえるだろう。

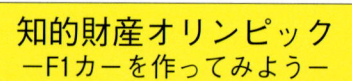

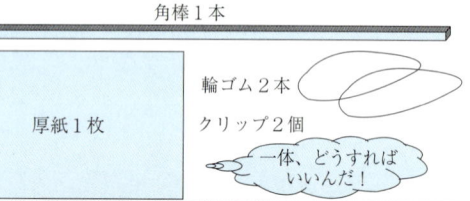

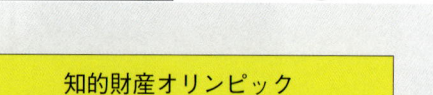

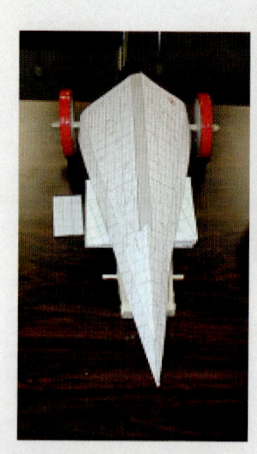

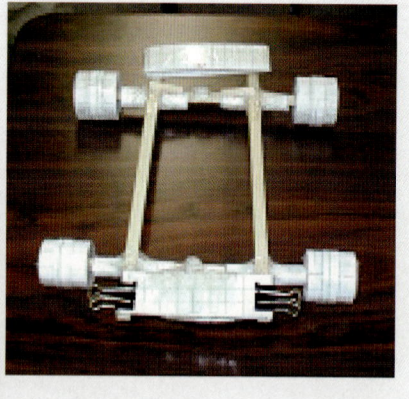

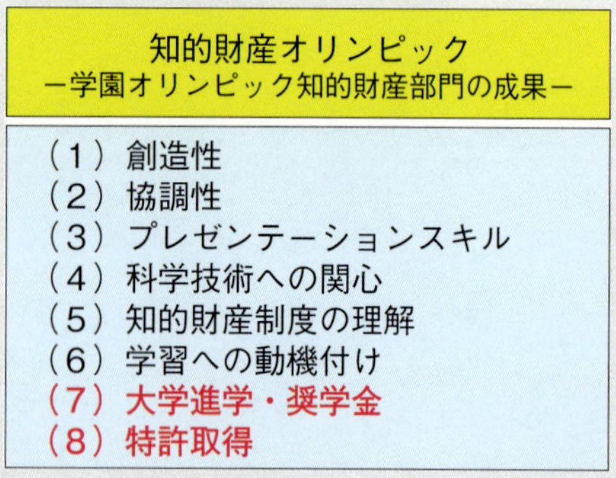

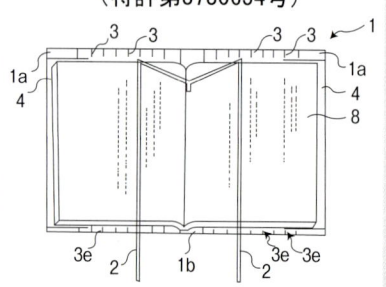

資料2　東海大学学園オリンピック「知的財産部門」応募用紙

2006年度　学園オリンピック知的財産部門　1次審査　応募用紙

Ａ４判　２枚　左上　ホチキス止めで作成すること

学校名		学年	氏名
東海大学付属	中学校 高等学校	年　　組	(フリガナ)　女　男

No.1　発明のタイトル 発明品のネーミング。この発明を一言で言うと？	
No.2　発明の分野 該当する番号を右の蘭に記入して下さい。	①日用品　②文房具　③家庭電化製品　④工具　⑤工作機械　⑥インテリア　⑦福祉・介護用品　⑧通信機器　⑨ＩＴ関係用品　⑩その他 　　番号
No.3　発明のきっかけ 発明を思いついたきっかけを書こう。特に、誰の問題なのか、どのように困っているのかを明確に表現しよう。	
No.4　発明品の仕組み 図面を説明する要領で発明品の構成・内容を説明して下さい。	
No.5　発明品の使用方法 具体的な使用方法・操作方法を説明して下さい。	
No.6　発明品の効果 No.3で説明した問題点がどのように解決されるのかを具体的に説明しよう。	
No.7　社会的影響 この発明品ができた場合、どのような社会的影響が考えられるだろうか？	
No.8　販売価格 実現した場合の値段は？	
No.9　ショートアピール この発明品を売り込むためのキャッチコピーを！	

東海大学学園オリンピック「知的財産部門」日程表（2005年度実施）

時刻	1日目 (7/31 日)	2日目 (8/1 月)	3日目 (8/2 火)	4日目 (8/3 水)	5日目 (8/4 木)	6日目 (8/5 金)
7:00		起 床 ・ 洗 面				
7:30		体　　操				
8:00		朝　　食				
9:00		一次レポート作業の続き・発表練習	東海F1大会② F1カー作製	パテントコンテストに向けて③ ★発明概要書の提出・添削指導	パテントコンテストにむけて⑥ パワーポイントによるプレゼンテーション準備とレポートの完成	現地解散
10:00		1次レポート発表 発表・投票 指導・助言	特別講演I 弁理士による良い特許と悪い特許	野外活動	模擬パテントコンテスト発表 （前半）	
12:00		昼　　食				
13:00		「知的マインドを育てる」	パテントコンテストに向けて① 発明秘話 概要書の書き方	パテントコンテストにむけて④	模擬パテントコンテスト発表（後半）	
13:30	現地集合					
14:00	開所式・ガイダンス			レポート記入法の指導 ★レポート作成 ★発明概要書をア4用紙に作る。	審査、講評、表彰	
15:00	部門ガイダンス 基調講義「学園オリンピックの意義」 一次レポート発表	インターネット検索 操作法の指導 グループ検索	東海F1大会③ F1カーレース	概要書データ入力 パワーポイント講習	閉所式（全体会） 後片付け	
17:00		自由時間（入浴厳守）				
18:00		夕　　食				
19:00	一次レポート発表準備 発表用ポスター作製 ★生徒作業時間	東海F1大会① F1カー作製★ 競技・ルール説明 教材：VTR（F1、ソーラーカー等） 各種素材	パテントコンテストに向けて② 発想技法（演習） 発明概要書作成	パテントコンテストにむけて⑤ パワーポイントによるプレゼンテーション準備	自由時間（荷物整理等） 閉所式 さよならパーティー	
20:00						
22:00		就 寝 準 備				
23:00		就　　寝				

知的財産教育東海大学モデル

48

2．学園オリンピックの今後の課題

　各付属校で実施している知的財産教育の実践の場として、学園オリンピック「知的財産部門」が占める役割がこれからますます重要になると考えられる。

　毎年実施されたプログラムの内容を振り返り、知財マインドを育てるためには、どのようなプログラムがもっともよいか今後ともスタッフで検討していく必要がある。

　メインテーマである「模擬パテントコンテスト」への取り組みは、生徒達にアイデアを形にする可能性を生み出した。しかしながら、その先の文部科学省や特許庁等が主宰するパテントコンテストを目標の一つに挙げているならば、特許出願の可能性までも考えた取り組みも大切であろう。

　また、専門家の指導による商品化の道も一方では考えてよいのかもしれない。

　現在、フィンランドのバーサ市では起業家精神教育が行われており、アメリカのキャンプインベンション、韓国の発明コンテスト等、各国で子ども達の創造性を育てるイベントが開催されている。

　本学園の学園オリンピック「知的財産部門」も同様な成果を目指すものとして、情報交換など今後の交流活動が望まれるであろう。

　学園オリンピックの最大の成果は、なんといっても、一週間を群馬県嬬恋村の緑に囲まれた自然の中で、同じ目的で全国から集まった仲間達と寝食を共にして、お互いの創造性を高めあうことができることである。

2007学園オリンピック「F1カー創作に挑戦」

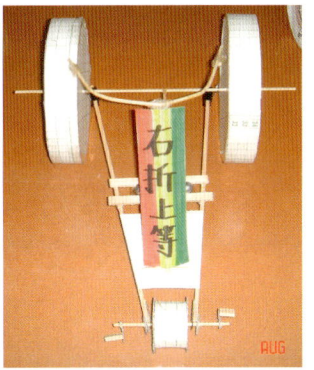

グループ毎に試行錯誤が繰り返される

§8 各教科において展開する知的財産教育

1. はじめに

　知的財産教育の中でもっとも肝心なのが各教科における知的財産教育である。

　これまでの知的財産教育の中で前提としてきたのはホームルーム活動や総合的な学習などにおける特別授業としての知的財産教育である。

　しかし、実際には十分な授業時間を取れるわけではない。そこで、各教科における知的財産教育が重要になってくる。それぞれの教科で知的財産教育の要素を取り入れた授業を展開することが知的財産教育を推進する上でも重要であるだけでなく、通常の授業を生徒主体の教育へと転換する手段として知的財産教育が重要とされている。

　フィンランドの起業家精神教育「バーサモデル」でも「特定の教科ではなくすべての教科における起業家精神教育」を方針として掲げている。

　それでは各教科における知的財産教育とはどのようなものであろうか。大きく3つの項目に分けることができる。それは（ア）知的財産を創る　（イ）知的財産を学ぶ　（ウ）知的財産を守る　というものである。知的財産教育の要素をさらに抽出してみると、決して知的財産教育が特別なものではなく、むしろ多くの教師がこれまで実践してきた内容でもある。知的財産教育という側面からこれまでの授業を見ると、これからの方向性が見えてくる。

　また、各教科における知的財産教育の実践例には、（1）各教科の教育内容に知的財産に関する情報や知識を取り込む方法　（2）各教科の教育の実施に伴うインターネット利用におけるルールやプレゼンテーション、レポート作成・提出における著作権を主体としたルールを教える方法　（3）各教科で従来から行われていた創造性の育成を更に発展させて展開する方法等がある（「実践編」を参照）。

（ア）知的財産を創る

　知的財産を創造することに焦点をあて、授業の中に何かを作るという要素を取り入れようとするものである。新たに何かを作る授業でもいいし、授業で使う教材などを生徒が自分で作成してもよい。アイデアを出し実際に作るという活動そのものが知的財産教育の重要な要素である。また、さらに作り出したものを発表し評価を受けることで、他者とのコミュニケーションを生徒が意識することも知的財産教育の要素のひとつである。

　○「知的財産を創る」授業実践例

　この授業で目指すことは「創造性の育成」と「コミュニケーション能力の向上」である。グループ活動を通してお互いにアイデアを出し合い、物を作ることにより創造性を養い、大勢の前でプレゼンテーションすることによりコミュニケーション能力を高めるのである。各教科の今までの授業実践の中に創造性を求めるものや、生徒間、または教師との間でのコミュニケーションを求めるものがあるとすれば、それは知的財産教育が目指すものと一致するところである。

それでは何かを作り出す活動を授業の中に取り入れることを試みた教科別の知的財産教育授業実践を見てみよう。

【国語】「札幌駅9時05分」－視点を変えて見る（中学1年生）
　1時間目はスポーツの審判の判定が見る位置によって変わってくること、同じ空間と時間を共有していても個々の人間により感じ方や考え方に違いが出ることを、資料を用いて確認する。2時間目は札幌駅の午前9時05分の様子をスクリーンに映し出し、同じ時間、同じ空間を通過する人々にも色々な状況があることを一緒に考え確認する。3時間目はショートショートという文学形式を紹介し、札幌駅を舞台とした小説作りに取り組む。4時間目は生徒が「札幌駅〇時〇分」というタイトルの作品を発表し、作品を聞いてお互いに感想を述べる。多数の作品を通して色々なものの見方があることを再確認し、視点を変えてものを見ることの大切さを生徒は学ぶ。

【数学】「万華鏡から覗く幾何」（中学1年生）
　グループ活動として2種類の万華鏡を制作する。一つは3枚の鏡を筒状にしたもので描いた図を見て、写った幾何をワークシートに描く。二つ目は6枚の鏡を使い、その中の3枚にアクリルカッターで模様を描く。6枚の鏡を組み合わせて立方体を作る。万華鏡に現れたものをワークシートに描く。自ら描いた模様によって立体の閉じた鏡の世界が作る幾何を創造することで鏡の世界が作り出す線対称な図形を確認する。2種類の万華鏡に現れる幾何の観察からわかったこと、気付いたことや感想をワークシートにまとめる。

【理科】「モーターはこう使いましょう」（中学3年生）
　1時間目にモーターの原理を知るためにグループでクリップモーターを制作し、2時間目はモーターの原理をさらに深く理解する。3時間目はこのモーターを何に利用できるかグループで考察し商品として開発し「商品広告」を作成する。4時間目は開発商品のアイデアを説明しアピールする形でのプレゼンテーションをグループ毎に行う。お互いの商品を評価し感想を評価シートに記入する。まとめとして知的財産権について簡単に説明する。

【英語】「英語クロスワードパズル集」（中学2年生）
　1時間目は英語クロスワードパズルに挑戦しながら楽しみながら英単語の学習をすると同時にクロスワードパズルの仕組みを理解する。2時間目はグループでそれぞれが一つ英語クロスワードパズルを作り、グループ内で良いものを一つ決める。それをプレゼンテーション用に模造紙に書きパズルを作成する。グループ毎に発表し、グループ外の生徒が解いていく。3時間目は全員の英語クロスワードパズルをまとめてオリジナルの「英語クロスワード集」にして今後の英単語の学習に実際に利用する。

【体育】「新しいスポーツを考える」（高校3年生）
　1時間目フリスビーを使って新しいスポーツを考案する。フリスビーとサッカーを融合させたものを試みることにする。幅広い年齢層に経験してもらえるように分かりやすいルールを考える。2時間目は実技として対面パス（2人）の練習をする。ショートパス・ロングパス・ランニングパスを練習する。4人対2人によるパス回しとパスカットを練習する。1人が左右どちらかにディスクを投げ2人が近づくと移動しシュートを狙うセンタリングを練習する。7人

対7人でゲームをし、ゲームを楽しみながらアイデアを出し合い適切なルールを考えていくことにする。「ディスクサッカー」「フリスビーゴール」などネーミングも考える。

(イ) 知的財産を守る
　知的財産を保護するために知的財産権について学ぶことが主として挙げられる。知的財産を守る法律的な側面と技術的な側面について学ぶことなどがある。

　　○「知的財産を守る」授業実践例
　　知的財産権というものを理解し、知的財産の「創造・保護・活用」の中の保護に焦点をあてている。

　【情報】「知的財産を守る」（高校3年生）
　　知的財産がインターネット等を通じて侵害されていく状況の中でどのようにしたら知的財産を守ることができるのかを考え、知的財産を守る手法のヒントとなる「電子すかし」をデジタル写真に付加することを実習体験する。どのようにデジタル写真を守ることができるか考える。「電子すかし」のプログラムの使い方を説明する。指定のサーバーからデジタル写真を取得する。「電子すかし」をプログラムに沿ってかける。操作方法確認と完了できたかの確認をする。
　　まとめとして知的財産を技術的に保護する方法や法律的に保護する方法を確認する。さらに「電子すかし」が保護のための方法の一つのヒントであることを述べ他の方法の可能性を示唆する。

(ウ) 知的財産を学ぶ
　　知的財産そのものについて学ぶものであり、主なものは知的財産の歴史について学ぶことなどがある。また知的財産という観点からさまざまな技術などを活用することを学ぶことも重要である。

　　○「知的財産を学ぶ」授業実践例
　　知的財産を歴史的に捉えたり、現在の最新のテクノロジーを知的財産の活用という視点で見るなど知的財産そのものについて学ぼうとするものである。

　【社会】「日本史の中の知的財産」（高校3年生）
　　歴史上の発明から知的財産を考える。今回は火薬の歴史について取り上げ、東西の交流についても言及する。歴史上の発明について発問しながら「ルネサンスの三大発明」（火薬・羅針盤・活版印刷術）に言及する。火薬の使用例に関する発問から「鉄砲の伝来」「長篠の戦い」に言及する。中国における火薬の歴史、中国とヨーロッパの交流について説明する。鉄砲がどのように使われたのか、後の歴史にどのような影響を与えたのか考える。発明の多く（飛行機・ダイナマイトなど）が軍事目的に使われた事実に気付かせる。発明の恩恵と災いについて意見を出し合う。発明を後世に生かすために知的財産を学ぶ意義を生徒に伝える。

2．知的財産教育を主体とした学校づくり

　以上のように、知的財産教育は大きな可能性を含んでおり、知的財産教育はこれからの教育が目

指すべき方向を示している。生徒主体の教育を目指すという重要な役割を知的財産教育は担っているのである。しかし、知的財産教育を推進するためには、限られた時間のみの単発の形で終わってしまっては意味がない。さまざまな科目で知的財産教育を取り上げ、そして知的財産教育が本格的に根付いていかなければならない。そのため学校全体で知的財産教育を行わなければならないのである。それこそがこれまで述べられてきた教育の問題を解決する手段となる。それゆえ今後、知財教育をもととした学校づくりが求められるのである。

3．知的財産教育の評価について

　中学校・高等学校における「知的財産教育」は、その当初より「ものづくり・創造性教育」「知的財産に関する基本事項」などを中心に進められてきた。しかし、やればやるほどその知的財産に関する範囲は広く、取り上げる事項（たとえば、著作権・商標権など）によっては指導する側の準備が追いつかないこともしばしばである。特に「著作権教育」など、いまだ全国的にも実践例がきわめて少なく、独自に教材や資料の作成や収集が必要になってくる。そういう手探りのような作業をそれぞれの学校や教員がやっていく中で、平行して「現代文明論」や指定教科の研究・実践など、従来の教育活動に加えて多項目の業務が課せられている。それだけに、「現代文明論」や「知的財産」などの評価作業は、なるべく単純化したほうが、多くの教員がわかりやすく足並みが揃いやすい。これは「評価」そのものの内容より運営の問題であるが、これが、より担当者が平等に近い状態で進められる事柄でもある。

　さて、「評価」そのものの在り方であるが、なるべく客観的でありたいとは思うものの、どうしても指導者の主観になりがちである。ある程度は致し方ない。「知的財産」の各学校における「位置」や取り組み方でかなり対応の仕方も変わってくる。たとえば、「班別活動」を中心に据えているところでは、グループ単位の評価が生まれてくるし、プリント学習中心のところでは点数化もできるだろう。また、「創造性教育」中心でアイデアやものづくりには点数化はそぐわない。さらには「総合的学習の時間」として取り扱っている学校では、記述式での評価が決まっている。その際には、その学校ごとの記述に関するガイドラインが必要になる。

　よって、一本化した評価方法ではなく、学校で採択している「知的財産学習」内容に伴う方法を採っていかなければ、その事項に合わなくなってしまう。それほど、いま現在、各学校で行われている学習内容はさまざまであり、やり方も違っている。

　「知的財産教育」がめざす教育は、本学園の核である「現代文明論」と、その思想を同じくしていると考えている。手段・方法はさまざまであるが、その基本思想は、よりよい人生の構築のためのトレーニングであり、ひいては人類や社会への貢献である。抽象・具体の違いこそあれ、その底辺に流れているものは「ヒューマニズム」である。自己中心的でなく、目先の収穫ではないグローバルなものでありたい。それだけに性急に結果を求めない。

　いま、さまざまな「知的財産学習」が取り組まれている。遠からず、中・高校における学習事項が横並びになったときに、共通の評価が必要となる。現在は過渡期にあり、今しばらくは学校採択学習項目に応じた評価方法が望ましいと思われる。また、いずれの方法であってもきわめて単純化されたものが期待される。

4．保護者に対する知的財産保護制度の説明　（知財教育＋創造性教育）

　保護者に対して、知的財産教育の大切さを説明することが重要である。そのポイントは、知的財

産立国に対する意気込みを伝えることが保護者にとっても教員にとっても大切であるということである。

5．教員研修について

　（1）教員研修と保護者を交えた講演会などが有効である。（家庭の理解・協力関係の構築）
　（2）各校園の実情に応じて、教職員研修会を実施する。
　（3）定期的な知的財産教育実施報告会（責任者および担当者等）の実施。

第3章

知的財産教育特別授業のテーマ

§1　知的財産の歴史

　地球上に人類が現れて、生きるための「生活」が営まれるようになり、日常の暮らしの中に工夫やアイデアが生まれた。人類は、190万年前に道具を発明し、50万年前には火を発見した。以来、動物的な営みから人間的な営みへと、次第に今の人間の生活に通じる原型が整えられていった。その営みの中で生み出されたすべてのものは、人類の生活や幸福につながるものであり、「知的財産」と呼ばれる。

　その「知的財産」には、さまざまな工夫や改良の手が加えられ、より便利で使いやすい物へと姿を変えたり、数を増やしたりしていった。たとえば、「器」が発明された。最初は木や石をくりぬいたり、葉を重ねて器にしたであろう。やがて土を固めて器にしたり、さらには、それを「焼き物」の技術を得て「土器」にしたりしていく。それに「取っ手」や「滑り止め」や「注ぎ口」や「ふた」や「飾り」など多くの付加価値をつけるようにもなり、その「知的財産」は人類の生活において価値を高めていく。

　ひとつの「知的財産」の発明は、次の「知的財産」を作り出す。「発明」とは、課題解決の手段であり、目標がないものは「技術」とはいわない。つまり、発明の発想やそれらを具現化する技術は、いずれも「人類の生活を高め、より幸福になるためのもの」でなくてはならないし、そうありたいものである。

　人類が作り出したものを、すべて「知的財産」と呼ぶが、なかでも自分以外の広い範囲に影響が及ぶ「知的財産」を発明し、それを発明者の権利として認め、保護されるようになった中世以降に焦点をあてる。

　世界最初の特許法は、1474年にイタリア北部のヴェネチア共和国で出来た。ちょうどイタリアルネサンス文化が華やかなりし頃で、王や貴族たちがさかんに発明家のスポンサーとなって奨励した。特に、あのレオナルド・ダ・ヴィンチも学術・科学・芸術などの広い分野にすぐれた発明品や作品の「知的財産」を残した。また約100年後にはガリレオ・ガリレイの発明もこのヴェネチア共和国で特許を取得することになる。さらには、その後イギリスにおいて、外国人技術者が自由に

営業できる特許状（レターズ・パテント）が出来たり、最初の発明に対してのみ特許が与えられる「専売特許条例」が1624年に定められ、それはやがて訪れるイギリスの産業革命の引き金ともなり、1764年のワットの「蒸気機関」、1769年のアークライトの「紡績機」、1825年のスチーブンソンの「蒸気機関車」など、いずれも特許によって発明者が保護されることとなる。

　中世から近代にかけて、科学技術の発達に伴い、かつて教会等が支配してきたさまざまな事がらが論理的に明らかなものとなり、精神的・宗教的なものの見方から、次第に唯物的なものの見方が大勢となって、人間社会における「知的財産権」への認識が深まっていった。それはヨーロッパ全体やアメリカにも広がり、発明に関する権利は政治・経済にも深く関わることとなり、特に19世紀における数々の戦争にも色濃く影響の影を落とすこととなってしまう。

　そうなればなるほど、発明者や各国のさまざまな思惑が絡むようになり、特許の及ばない他の国が無断で発明品を模倣したりして、特許が世界共通の制度でなければ、世界貿易が拡大の中、物資の輸出入もままならない状況が現れた。そこで、統一的な特許法を設け、発明家の権利を世界中で保護しようとした。その国際会議は10年の歳月をかけ、ついに1883年、「工業所有権の保護に関するパリ条約」が調印された。世界最初の特許法が作られて、じつに400年以上が経過している。この条約の管理には、国連特別機関のWIPO（世界知的所有権機関）があたっているが、これには世界171ヵ国が加盟し、世界の約9割となっている。その後、複雑化する国際情勢にあって、開発途上国とそれ以外の国々の間の経済格差における貿易摩擦など、知的財産権をめぐる諸問題解消のため、1994年、知的財産権に関する「TRIPS協定」が発効され、パリ条約の遵守と発明家や著作者の権利が等しく保護されるようになり現在にいたっている。

参考文献「知的財産の歴史と現代」石井　正著　発明協会刊

§2 日本人の発明

　日本は欧米諸国に比べ、中世より封建的武家社会を形成していたために、発明や知的財産権に関する保護や主張がきわめて立ち遅れ、その多くを明治維新まで待たなければならなかった。

　江戸時代にも平賀源内の「エレキテル」や伊能忠敬の「実測日本地図」など見るべきものもいくつかはあるが、鎖国制度や徳川吉宗の「享保の改革」など、外国からの輸入制限や新しく創り出す物はぜいたく品と見なし消費を抑える倹約令などの影響もあり、特に特許を伴う発明は、1885年（明治18年）に制定された「専売特許条例」からようやく日の目を見ることとなる。

　ただ、日本における特許制度は、この「専売特許条例」制定の14年前、つまり1871年（明治4年）に「専売略規則」という太政官布告第170号として一旦はスタートしていた。この「専売略規則」は、内容的には斬新的なものを持っていたが、維新後日が浅く民情に合わなかったことや審査体制の遅れもあり、翌年1872年（明治5年）には廃止された。その後、「専売特許条例」制定まで、日本は特許制度を持たない時代を経験することとなり、知的財産の保護制度を持たない社会では、どのような問題が生じるかについて貴重な実験例を示すこととなった。

　たとえば、1873年（明治6年）に「ガラ紡績機」を発明した臥雲辰致（がうんたつむね）は、まだ特許制度がなかったため、不運の発明家といわれ、1885年（明治18年）の制度でようやく特許を得たが、すでに模倣品が出回ったあとであり、次の「七桁計算機」や「土地測量機」などの発明により、近代日本の発明家の幕開けとして歴史に名を残すにとどまった。

　「専売特許条例」の制定にあたっては、明治新政府の前田正名や高橋是清の尽力によるところが大きい。日本ではこの「専売特許条例」が公布された4月18日を「発明の日」としている。その後、1888年（明治21年）に「意匠条例」が、1905年（明治38年）に「実用新案法」が公布され知的財産権に関する環境が整っていった。

　その後、世界初の「自動織機」（特許第1195号）を完成した豊田佐吉や「真珠の養殖から円形真珠」（特許第2670号）を作った御木本幸吉、「ジアスターゼ製造」発明（特許第4785号）の高峰譲吉など、いわゆる「日本の十大発明家」と言われるような人々が輩出している（「日

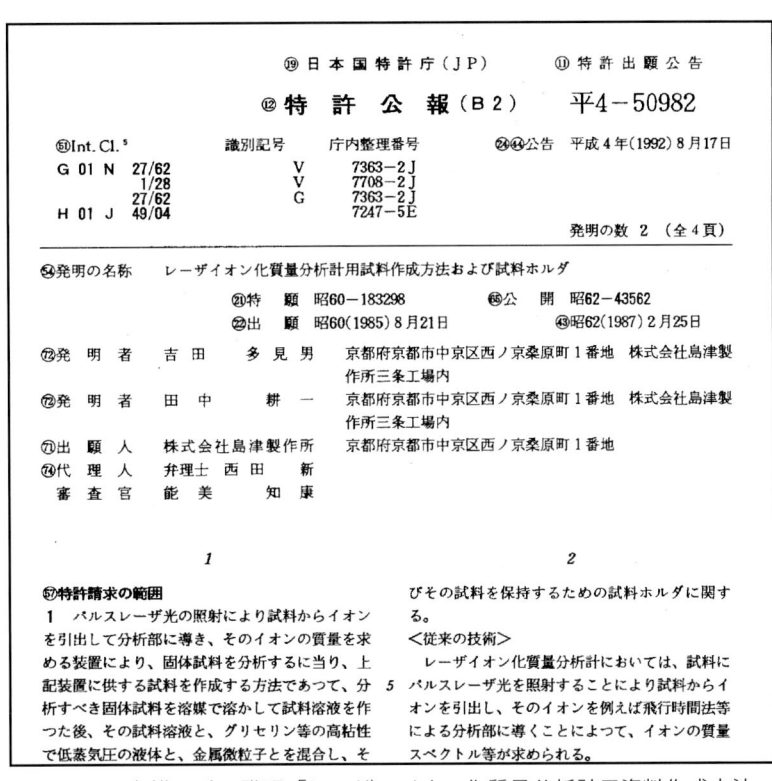

図−1：田中耕一氏の発明「レーザーイオン化質量分析計用資料作成方法」
（特許第1769145号、特許庁ホームページ電子図書館IPDLより」

本の十大発明家」については、経済産業所特許庁企画『産業財産権標準テキスト（特許編）』19～20ページを参照）。

　また、2002年にノーベル賞を受賞した田中耕一氏は「レーザーイオン化質量分析計用試料作成方法」（特許第1769145号、図－1参照）の発明者であり、小柴昌俊氏の「ニュートリノの観測」も「光電子倍増管」（特許第2941325号）によって実現したものである。

　さらに、日本の携帯用ゲーム機の発明は、米国特許商標局ProjectXL作成の知的財産教育テキスト "THE INVENTIVE THINKING CURRICULUM PROJECT" Third Edition 88ページにも米国特許（第5184830号、図－2参照）として登場しているし、日本には、子供の嫌いな注射の針先をミクロン単位まで細くして「痛くない注射針」（特許出願公開2003-320430「金属製の管状体およびその製造方法」を発明して「不可能を可能にする」といわれる企業もある。

　これらの歴史に残る数々の偉業は単にその発明品の人類への貢献という表面に見える華やかさよりも、その成功は、あまたの特許と技術開発の積み重ねの上に成り立っていることを知らなければならない。さらに言えば、その数多くの特許を得るには無数の失敗が繰り返されている。便利なものを便利に使うだけでなく、時には、その便利なもののルーツを探り、「発明は必要の母」なる原点に思いを馳せたいものである。そして、次の新しい「知的財産」創造へとつなぎたいのである。

　　　　　　　参考文献「知的財産の歴史と現代」石井　正著　発明協会刊

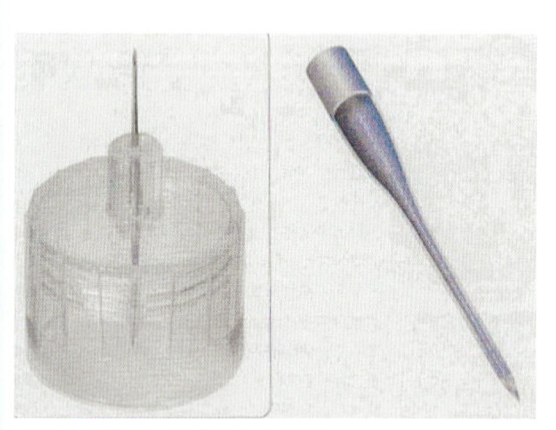

（出典「発明」平成19年5月号）

図－2：米国の知的財産テキストにも4登場したゲーム機の特許

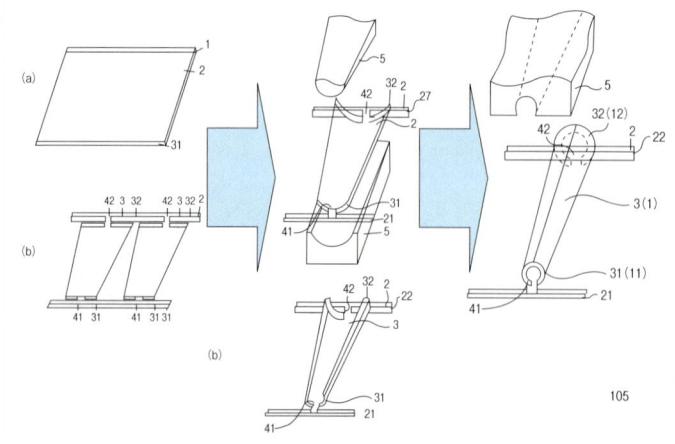

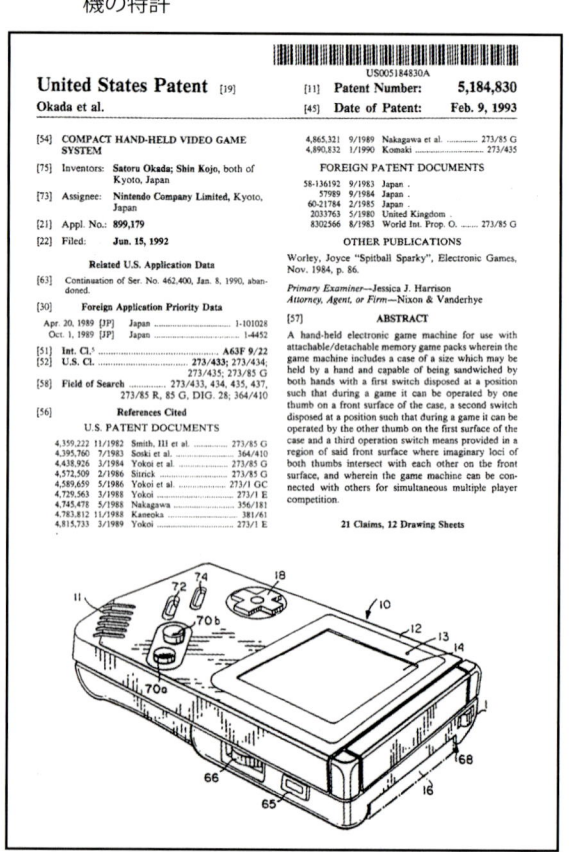

図－3：痛くない注射針の特許出願

§3　「無装荷ケーブル」と松前重義

「無装荷ケーブル通信方式」の開発
―若き技術者　松前重義・篠原　登の挑戦―

　いまから170年ほど前までの通信伝達手段といえば、主に手紙ぐらいしかなく、世界でも日本でも、その時代は長く続いた。しかし、19世紀のめざましい科学技術の発達は通信の分野も例外ではなく、1837年アメリカのサミュエル・モールスの電信機の発明、1876年同じくアメリカのグラハム・ベルの電話の発明によってその様相は一変した。

　電信・電話による情報通信の発達は、飛躍的に世界を近い存在へと導いた。

　だが、それはけっして完全と呼べるものではなく、多くの改良すべき課題を含んでいた。特にベルが発明した電話は、音声の振動を電流に変化させ、通信ケーブルで伝送し声に換える仕組みのものであったが、その通話距離はきわめて短く、音声の不明瞭さや通話の時差など問題も多かった。30年後の1906年、アメリカ・コロンビア大学のピューピン教授はかかる問題点解消のため、装荷ケーブルを開発した。これは、通話距離が長くなれば通信電流が減衰するため、ケーブルの一定間隔に装荷コイル（インダクタンス線輪）を挿入することにより、従

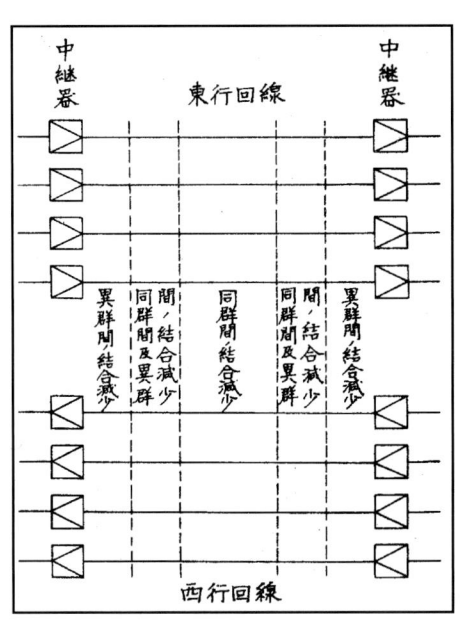

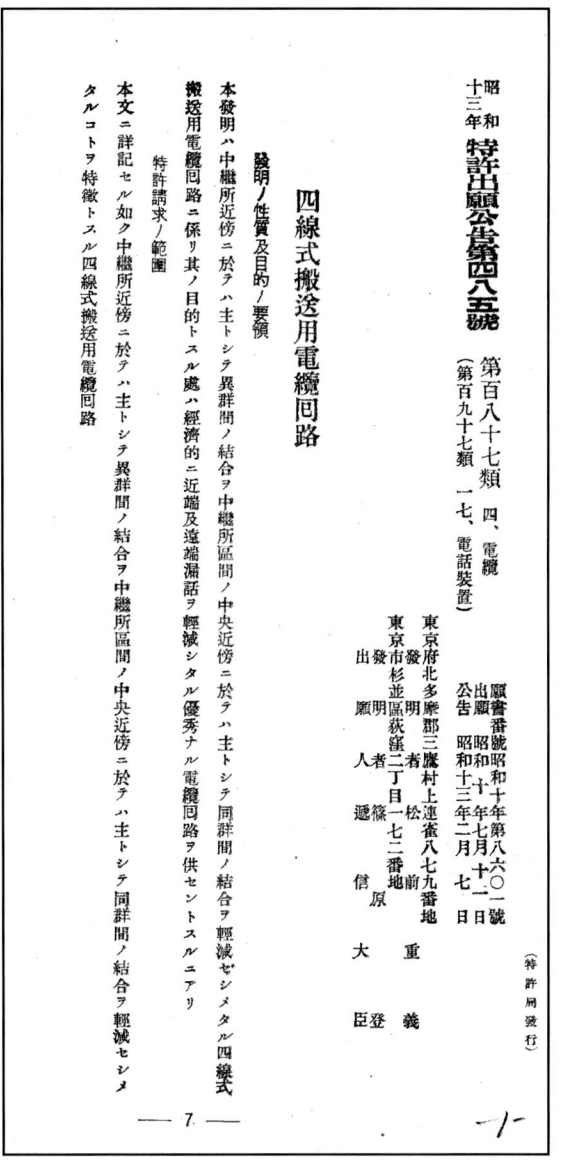

図：松前重義の「無装荷ケーブル通信方式」の特許発明

知的財産教育特別授業のテーマ

松前重義 　　　　篠原 登

来のものより10倍以上に減衰をとどめ、通信距離も20kmから300kmへと伸ばし各地で高く評価された。一般に装荷ケーブル通信方式と呼ばれ、アメリカはもとより広くヨーロッパでも実用に供され、のちに日本もこれを採用した。

しかし、これでもなお、問題は残った。「世界に広げる通信網としては通信距離が短か過ぎる。また音質が悪く音声がいまだ不明瞭である。1本のケーブルで一組の通話しかできない。装荷ケーブルが特許を取っているため、日本で使用するためには、莫大な特許使用料を払わなくてはならない。」そう考えた若い技術者がいた。当時の日本における電信電話事業の技術行政の中枢であった逓信省工務課にいた松前重義である。逓信省は、彼が入省する5年前の1920年（大正9年）には、装荷ケーブルの技術輸入を決定していたし、1928年（昭和3年）には東京・神戸間に初の装荷長距離ケーブルが開通している。いわば、世界の通信は装荷ケーブルの全盛期であり、世界のトップ技術者の誰もが疑わざる頃であった。

通信技術の国産化への道を拓く

当時は、第一次世界大戦後の世界恐慌のさなかであり、関東大震災によって日本経済が大打撃から立ち直ろうとしている時であった。円は暴落し、国際収支は悪化した中で、政府は国産品を奨励し、外国品の排除に努めた。しかし、逓信省内の電信電話機材は輸入品が多く、震災後の復旧のための装荷線輪も輸入が必要である。「いつまでも欧米依存では日本に将来はない。自主的な技術開発が急務である。」と松前は考え、1932年（昭和7年）に「長距離電話回線に無装荷ケーブルを使用せんとする提案」という論文を発表した。これは、松前より4年後に逓信省に入省した新米技師の篠原登や橋本元三郎らの協力を得て出来上がったものである。松前が考えたものに、そのつど篠原たちと検証を重ねていく。いつしか松前と篠原は阿吽の呼吸で結ばれ、二人は次々と特許を申請していった。

しかし、無装荷ケーブル論を受け入れてくれる者は皆無に等しかった。翌年、ドイツに1年の出張を命じられた松前は、ドイツを中心にヨーロッパ・アメリカの通信事情をつぶさに視察し、さらに装荷ケーブル推進者のドイツ・シーメンスハルスケ社のマイヤー博士と一週間に及ぶ激論を戦わせ改良のヒントを得て、ますます無装荷ケーブルへの自信を深めた。帰国後、装荷賛成、無装荷反対の逓信省内の大勢を説得して回り、上司で

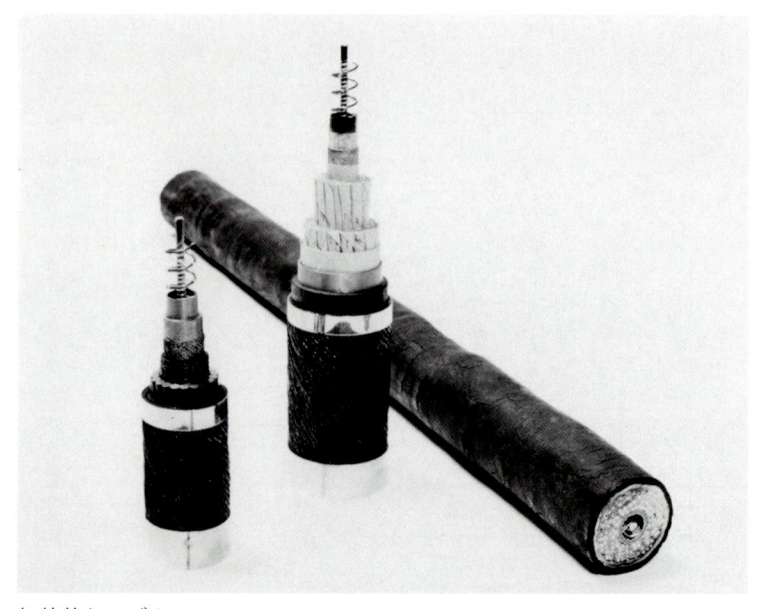

無装荷ケーブル

ある工務局長梶井剛の英断により、今後は無装荷で進めることを決定した。松前・篠原をリーダーに、省内の若手技師はもとより、複数企業をも説得して、無装荷ケーブルに関わるすべての部品を国産品で賄うため全力を挙げて研究技術開発に取り組むことを要請。省内部署や企業間の枠を超えて無装荷ケーブル成功のため大同団結し、昼夜分かたぬ実験につぐ実験。検証ののち、直ちに特許の申請。高性能精密真空管、搬送発信機、濾波器等の開発も成功し、総合通信システムとしての無装荷ケーブルを用いた搬送式多重電話技術が完成した。国内外での大規模なケーブル敷設実験を繰り返し、1939年（昭和14年）、東京・中国間、約3,000 kmの実用化に成功した。かつて、装荷ケーブルが抱えていた多くの課題を解決し、多くの人たちが同時に明瞭にして遠くまで通話をすることが可能になった。

無装荷方式発想の思想的背景

　松前は無装荷の技術的背景として、「装荷線輪を入れたために起こる伝送欠陥を補償している状態を、装荷線輪という白粉で厚化粧したために伝播時間の増加という吹出物が生じ、それを直すために位相補償装置やら反響阻止装置という膏薬を貼ったりしているが、それでは本質を直すことはできない。」といっている。その発想のもとになる思想があった。かつて師・内村鑑三の「キリスト教は儀式・制度を中心とせず、飾り気のないありのままの素朴な姿における信仰であるべき」という訓えに倣い、「飾りなき素朴で自然な姿の中に真理がある。」と考え、装荷のような工作を施さず、自然で素朴な基礎に立って、目先のことだけにとらわれない真理を求めることであった。

技術開発に目的あり

　松前は、「着想や創意や工夫は単なる頭のよさや、その人の器用さから出てくるものではなくして、何といっても、その人の抱いておる思想、人生観、世界観の根底の上に芽生えるものである。」といっている。多くの人の支えと確固たる信念は、若き松前・篠原を始めとする技術者集団のチームワークを強め、単に国策の意向にとどまらぬ高いプライドと情熱をたぎらせた。技術性能の課題克服という目的が、新しい開発を呼び込んだのである。

第4章

フィンランドの「バーサモデル」

§1　フィンランドの内的起業家精神

　起業家精神は内的と外的に分けて考えられてきた。
　内的起業家精神は起業家的特徴、資質または前提条件である。
　内的起業家精神は、具体的には、創造性、好奇心、柔軟性、活動、勇気、イニシアチブとリスク管理、方向性、協調性とネットワーク能力、ものごとを達成するモチベーション、明確な目的意識、常に学び続ける態度、空想性、豊かな発想、我慢強さなどを意味する。
　外的起業家精神は実際にビジネスや事業を起こし、経営することである。東海モデルでは、「知的財産を活用する能力」と位置づけている。
　フィンランドでは、起業家精神教育を実際に社会で活動することを踏まえた外的起業家精神と内的起業家精神に分けて考えており、特に内的起業家精神教育は創造性、柔軟性、活動、勇気、イニシアティブ、リスク管理、方向性、モチベーション、コミュニケーション能力（協調性）を育てることを目的としている。
　特にフィンランドの教育の中で、注目すべきはバーサ市で行われている起業家精神教育の教育実践であり、それはバーサモデルと呼ばれるものである。
　バーサモデルでは、①自分で考える態度の育成　②学ぶ動機の維持　③実社会との壁を取り払うことを特徴として挙げているが、特に内的起業家精神教育では①・②に重点が置かれている。また自己効力感（Self-Efficacy）を育てること、すなわち生徒に自信を持たせることも重視されている。
　知的財産教育東海大学モデルは、このバーサモデルの創造性教育と起業家教育の特徴を参考にしており、そのバーサモデルについて具体的に紹介することとする。
　本章では外的起業家精神教育を取り上げるが、内的起業家精神教育とも相互関連が深く、明確に分けられない部分も多い。
　フィンランド教育省は、「21世紀の産業社会では職業生活でも常に変化を受け入れざるを得ない。その対応の準備は不可欠である。今後の新たな雇用機会は大企業や公共部門から中小企業にシフトする」と説いている。
　実際フィンランドでは、1990年代以降、雇用の形態も急変している。民間だけではなく、官公

庁でも、「プロジェクト雇用」といわれる短期の期限付き雇用形態が急増している。日本でもすでに3人に1人が非正規雇用者であり、フィンランドと同様の傾向が顕著となっている。また夕張市の財政再建団体入りなど、地方自治体の財政破綻も現実のものとなってきた。

　このような状況では、起業家精神は起業するしないに拘わらず、21世紀の産業社会では、たとえ大企業に勤めていても、公務員でも、全国民に必要な資質と位置付けられるべきなのである。

§2　起業家精神教育の具体例

1．フィンランドや欧州における具体例

　起業家精神教育の先進地域であるフィンランドや欧州で実施されている具体例としては、以下のようなものがある。

　企業訪問、修学旅行などのための寄付金集め、生徒の作品販売、インターンシップ（職業体験）、企業からの講師派遣のような形態の企業との連携が行われている。

　サーカスなどのイベントを企画・実施し、収益をあげる。

　化学の授業を使い、自然材料を用いるなどしてクリスマスカードを製作し販売を行う。

　バーサ市で見られる例としては、市から委託されて公園の管理を行っているケースが挙げられる。これは、公園内の小屋や休憩所などの管理を任され、生徒自らが継続して運営するものである。公園内の庭園の花、ハーブ、など植物、木々の選択、栽培と管理も任されている。

　また、学内のキオスク（売店）を生徒自らが運営したり、イベント開催時に両親に代わって子供の託児サービスを提供し、収益を挙げているケースもある。

　これらのケースで重要な点は、収益は生徒たちに還元されるという点である。具体的には、利益は、修学旅行の費用などに補填されている。この実利的なフィードバックが、生徒たちのモチベーションをさらに高め、起業家精神の育成に前向きな影響を与えている。さらに、実際に利益があがり、会計処理を行わなければならないことにより、生徒たちは将来的な起業の際の実務的なトレーニングを行っていることになる。

　科目別のケースとしては、例えば、数学の時間には、食品添加物、ガソリンなどの日常的環境の題材を取り上げ、調査するなど、問題解決型の課題、パソコンなどを利用した事実検索、実用的モデルの作成、シミュレーション、などがあり、高学年になると収支計算や統計・簿記といった、企業活動に必要な技能の習得が行われる。

　国語の時間には、起業や企業活動についての作文作成を行ったり、プレゼンテーションの実際などが教育される。

　家庭科や工作の時間では、食卓の準備についてのコンペ、新製品の開発や製品改善、材質開発、既存の製品とは別の材料による製品開発、販売などが試行されている。

　外国語科目においては、通訳、ガイドなど実践的な議論の場面が想定実施され、生きた外国語の習得に力が注がれている。また、文化について学ぶ手法もとられている。

　7年生（中学1年生）に対しては年に1日「職業の日」を設け、各種の職業や職場に馴染ませる。8年生（中学2年生）は年1週間、実際に企業などの職場で実習をさせる。9年生（中学3年生）は年2週間の実習が義務づけられている。これらのインターンシップ（就業体験）により、実社会との関連を学ばせる。

　「まちの若い声」プロジェクトは2000年から2005年までヘルシンキで実施された。目的は子どもたちに、市民として積極的に参加させ、自分達が大切と思う問題について影響を与えることが可能なことを実際に体験させることである。

2．起業家精神教育のその他の手法

起業家精神教育のその他の手法としては、以下のような例があげられる。
プロジェクト作業
グループ作業
学校の教室のデザインや備品家具の選択の委託
「テーマデイ」
学校年鑑、クラス年鑑の作成
映画、ラジオ番組などの制作
地域紹介ビデオ作成
模擬選挙
各種企業リストの改訂作業
商店街活性化など、地域における産業の課題への対処
職業キャリア情報の提供

3．GEBP(Glocal Education and Business Partnership)における報告例

起業家精神教育は欧州全体にも広がりを見せている。フィンランドを含む起業家精神教育をテーマとするEUの地域間のネットワークGEBP(Glocal Education and Business Partnership)では、次のような実践事例が報告されている。

学習機会とキャリアについての生徒向け展示会やガイダンス
職業選択について社会人が相談にのるキャリアメンター制度
教員が企業団体などに出向して教員自身が社会の現実に触れるインターンシップ（職業体験）
Get Ready for Work　（職業や職業生活についての研修を実施し、修了者には、Get Ready for Work 修了証を授与して円滑な就職活動の手助けをする）

4．起業家精神教育の効果

起業家精神教育の効果は単に知的財産を活用し、ビジネスを起こすだけではない。そのプロセスで旧来の教育システムでは得にくい以下のような効果が期待出来る。自分でイニシアティブをとり、責任を持ち、問題を解決し、他人と協力することを学ばせることである。

・自己効力感（ある結果を生むために必要な行動を、どの程度うまく行うことが出来るか、という個人の確信）
・失敗を乗り越え、再チャレンジする重要性
・答えは1つではない、また答えが無いかもしれない問題に挑戦する価値
・自分のやりたい職業を見つけるキャリア教育としての意義

第5章

知的財産の保護制度について

§1 知的財産権のいろいろ

　知的財産権には、大きく分けて2つの種類がある。

　第1の種類に属する知的財産権は、その権利の存在を知らずに知的財産を利用しても侵害の責任を負うことになる権利である。これには、特許権、実用新案権、意匠権、商標権、育成者権が含まれている。したがって、特許されている発明は、その発明が特許されていることを知らないで利用した場合であっても侵害の責任を負わなければならない。このうち、特許権、

最判昭53・9・7民集32巻6号1145頁「ワンレイニー・ナイトイン・トーキョー事件」

（図－1）左が原告の「夢破れし並木路」の楽譜で右が被告の「ワン・レイニー・ナイト・イン・トーキョー」の楽譜

実用新案権、意匠権、商標権は、産業財産権とか工業所有権と呼ばれており、特許庁に出願し、審査を経て登録されて初めて権利が発生するものである。

　第2の種類に属する知的財産権は、その権利の存在を知らずに知的財産を利用しても侵害の責任を負わなくてよい権利である。これには、著作権や回路配置利用権が含まれる。したがって、自分が独自に創作した著作物が、たまたま他人の著作物とまったく同じであったり、酷似していても、その他人の著作権を侵害したという責任を王必要がない。他人が著作権を持っている「夢破れし並木路」という楽曲とそっくりの「ワン・レイニー・ナイト・イン・トーキョー」という楽曲を作曲した音楽家が訴えられた最高裁判所の事件で、その音楽家は「夢破れし並木路」という楽曲を知らずに「ワン・レイニー・ナイト・イン・トーキョー」という楽曲を作曲したことが認められて著作権は侵害されていないと判断された。

§2 学校と著作権

このセクションでは、平成15年に改正された著作権法（平成16年1月1日施行）において、教育現場での著作物の利用が著作権者）の了解を得ずに著作物を利用できる例外措置が拡大したことについて述べる。

学校における例外措置とは、小説、絵画、音楽などの芸術作品をコピーするには、原則として著作権者の許諾を得る必要があるが、学校などの教育機関においては、その公共性から例外的に著作権者の許諾を得ることなく一定の範囲で自由に利用することができる場合のことである。

＜例外措置＞
（1）教員および児童・生徒が、授業の教材として使うために他人の作品をコピーし配布する場合（第35条第1項）
　① 営利を目的としない教育機関であること。
　② 授業を担当する教員やその授業等を受ける児童・生徒がコピーすること。
　③ 本人（教員または児童・生徒）の授業で使用すること。
　④ コピーは、授業で必要な限度内の部数であること。
　⑤ すでに公表された著作物であること。
　⑥ その著作物の種類や用途などから判断して、著作権者の利益を不当に害しないこと。
　⑦ 原則として著作物の題名、著作者名などの「出所の明示」をすること。
＜具体例＞
　a）教員が授業で使用するために、小説などコピーして児童・生徒に配布する。（許諾不要）
　b）児童・生徒が、「調べ学習」のために、新聞記事などをコピーして、他の児童・生徒に配布する場合（許諾不要）
　c）教員が、ソフトウェアなどを児童・生徒が使用する複数のパソコンにコピーする場合（⑥の条件を充たさず許諾が必要）
　d）教員や児童・生徒が販売用のドリル教材などをコピーして配布する場合（⑥の条件を充たさず許諾が必要）

（2）E-Learning「主会場」で行われている授業で教材として使われた他人の作品等を遠隔地にある「副会場」に向け、同時中継する場合（第35条第2項）（翻訳、編曲しての利用も可）
　① 営利を目的としない教育機関であること。
　②「主会場」と「副会場」がある授業形態であること。
　③ 送信は「授業を受ける者」のみへの送信であること。
　④「主会場」から「副会場」に対し行われる送信は、「同時中継」であること。
　⑤「主会場」において、配布、提示、上演、演奏、上映、口述（講演、朗読など）されている教材であること。
　⑥ すでに公表された著作物であること。
　⑦ その著作物の種類や用途、送信の形態などから判断して、著作権者の利益を不当に害し

ないこと。
⑧　原則として著作物の題名、著作者名などの「出所の明示」をすること。

＜具体例＞
a）主会場において教員が教材として掲示する「地図」「図表」などを、副会場に向け、送信する場合（許諾不要）
b）主会場において教員が教材としてコピー・配布した資料を、副会場に向け送信する場合（許諾不要）
c）主会場において行われた授業を録音、録画したものを、後日改めて副会場に向け、送信する場合（④の条件を充たさず許諾が必要）
d）主会場で行われる授業を、誰でも視聴できるようにして送信する場合（③の条件を充たさず許諾が必要）
e）主会場がなくスタジオから直接、遠隔地に送信し授業を行う場合（②の条件を充たさず許諾が必要）

（3）試験または検定のために、他人の作品を使って入学試験問題を作成し配布する場合またはインターネット試験などで試験問題も送信する場合（第36条）（翻訳して利用することも可）
①　すでに公表された著作物であること。
②　試験・検定の目的上必要な限度内の複製や送信であること。
③　「営利目的」の試験・検定の場合は著作権者に保証金を支払うこと。
④　その著作物の種類や用途、送信の形態などから判断して、著作権者の利益を不当に害しないこと。
⑤　原則として著作物の題名、著作者名などの「出所の明示」をすること。

＜具体例＞
a）小説や社説などを用いた試験問題を作成する場合（許諾不要）
b）小説や社説などを用いた試験問題をインターネットなどによって、送信して出題する場合（許諾不要）
c）入学試験の終了後、その試験問題をホームページに掲載し、送信する場合（②の条件を充たさず許諾が必要）
d）市販されているドリルなどの教材を試験問題として、インターネットなどによって、送信する場合（④の条件を充たさず許諾が必要）
e）小説や新聞記事などを用いた試験問題を、過去問題集を発行する出版社に渡したり、学校のホームページに掲載する場合（②④の条件を充たさず許諾が必要）

（4）発表用資料やレポートの中で他人の作品を「引用」して利用する場合（第32条第1項）（翻訳して利用することも可）
①　すでに公表された著作物であること。
②　利用方法が「公正な慣行」に合致していること。(例：自分の考えを補強することなど作品を引用する「必要性」があること)
③　利用目的が、報道、批評、研究などのための「正当な範囲内」であること。(例：引用の分量については、引用される部分（他人の作品）が「従」で、自ら作成する部分が「主」であること)

④ 引用部分については、カギ括弧などを付して、明確にすること。
⑤ 著作物の題名、著作者名などの「出所の明示」をすること。

＜具体例＞
a）教員が研究会の発表資料を作る際に、指導の成果を比較して解説するための素材として発行された記念文集の作品の一節を「引用」して使う場合（許諾不要）
b）地域産業の歴史について調べている生徒が、自分の考えを記述するにあたり、博物館のホームページから入手した郷土の歴史の文章の一部分を「引用」し、自らの考えを補強する場合（許諾不要）
c）ある画家の一生を取り上げた美術部の生徒が、発表資料を作る際に、表現技法の解説のため何点かの作品を「引用」して使う場合（許諾不要）
d）修学旅行で使う資料の最後に参考資料として、市販のいくつかの旅行ガイドブックから名所・旧跡の記事を集めて掲載する場合（②③④を充たさず許諾が必要））
e）小説の感想文の結論部分に、他の雑誌に載っていたその小説に関する評論文をそのまま使う場合（②③④を充たさず許諾が必要））

（5）学芸会、文化祭、部活動などで他人の作品を上映・演奏・上映・口述（朗読等）する場合（第38条第1項）
① 作品を利用する行為が上演、演奏、上映、口述（朗読等）のいずれかであること。
② すでに公表された著作物であること。
③ 営利を目的としないこと。
④ 聴衆または観客から鑑賞のための料金等をとらないこと。
⑤ 演奏したり、演じたりする者に報酬が支払われないこと。
⑥ 原則として著作物の題名、著作者名などの「出所の明示」をすること。
＜具体例＞
a）文化祭などでブラスバンド部の演奏や演劇部の演劇を行う場合（許諾不要）
b）音楽や劇の観賞の料金をとる場合（④の条件を充たさず許諾が必要）

§3　知的財産に携わる仕事

－弁理士・弁護士について－

　知的財産に携わる職業はさまざまある。たとえば、弁理士、弁護士、各企業の知的財産権に関わる担当者などである。このセクションでは、これらの職業がどのようなものなのか、またこの職業に就くためにはどのような資格や知識が必要なのか述べていく。

①弁理士

　「弁理士」とは、特許権、実用新案権、意匠権及び商標権などの産業財産権の取得手続きや紛争手続きなどを代行して行う専門家を指す。また、外国における産業財産権の取得および対応をする。産業財産権は、各国の法律によって国ごとに成立しており、日本で取得した権利は外国には及ばない。したがって、外国の製品を製造販売したり、商標を使用するためには、外国で産業財産権を取得したり、外国の産業財産権に対処したりする必要がある。

　「弁理士」は、年に1回行われる弁理士試験に合格することによって資格を得ることになる。進歩する科学技術について、十分理解することが要求され発明家がもつ特許を他人が勝手に使う問題が生じたときには、弁護士とともに訴訟問題に関わるので、技術だけではなく法律の知識も要求される。また、上述のように外国との産業財産権について対応する場合には、外国語の素養も必要になる。

②弁護士

　「弁護士」は様々な仕事をしているが、その中心となるのが刑事事件における弁護人としての仕事と民事事件における代理人としての仕事である。一般に弁護士は民事事件を多く扱っている。知的財産権に関する訴訟問題では、弁理士と組んで依頼者の話を聞き、事件解決の方針を立てる。さらに、弁護士は経営に行き詰った会社の依頼を受け経営を立て直すために代理人として法的手続きを裁判所に申請したり、再建不可能の場合には破産の申し立てをしたりする。また、会社が破産宣告を受けると裁判所が破産管財人を選任するが、この破産管財人にも多くの弁護士が選任される。

　「弁護士」の資格を得るには、原則として、法科大学院（2年又は3年間）を修了し、司法試験に合格したのち、さらに一定期間の司法修習が必要である。そして、各地区の弁護士会に入会し審査の結果、登録可となれば、晴れて弁護士としての仕事ができるようになる。

③企業内の知的財産権に関わる業務

　企業では、発明したものを特許出願するものが増えている。そこで、各企業が専属契約している弁理士に出願の代理を依頼する場合もあるが、大きい企業では知的財産権に関わる部署を設置し、弁理士の資格をもつ社員が対応することも増えてきている。特許出願等に必要な手続きをスムーズに行うことができるようになっている。

　企業における知的財産権問題は、経営戦略として、今や国内国外問わず重要であり企業とし

知的財産の保護制度について

て死活問題にもなっている。平成１０年３月の特許庁の調査によると社内弁理士存在企業数の比率が、56.2％（2000年）となっていてまだまだ少ない。

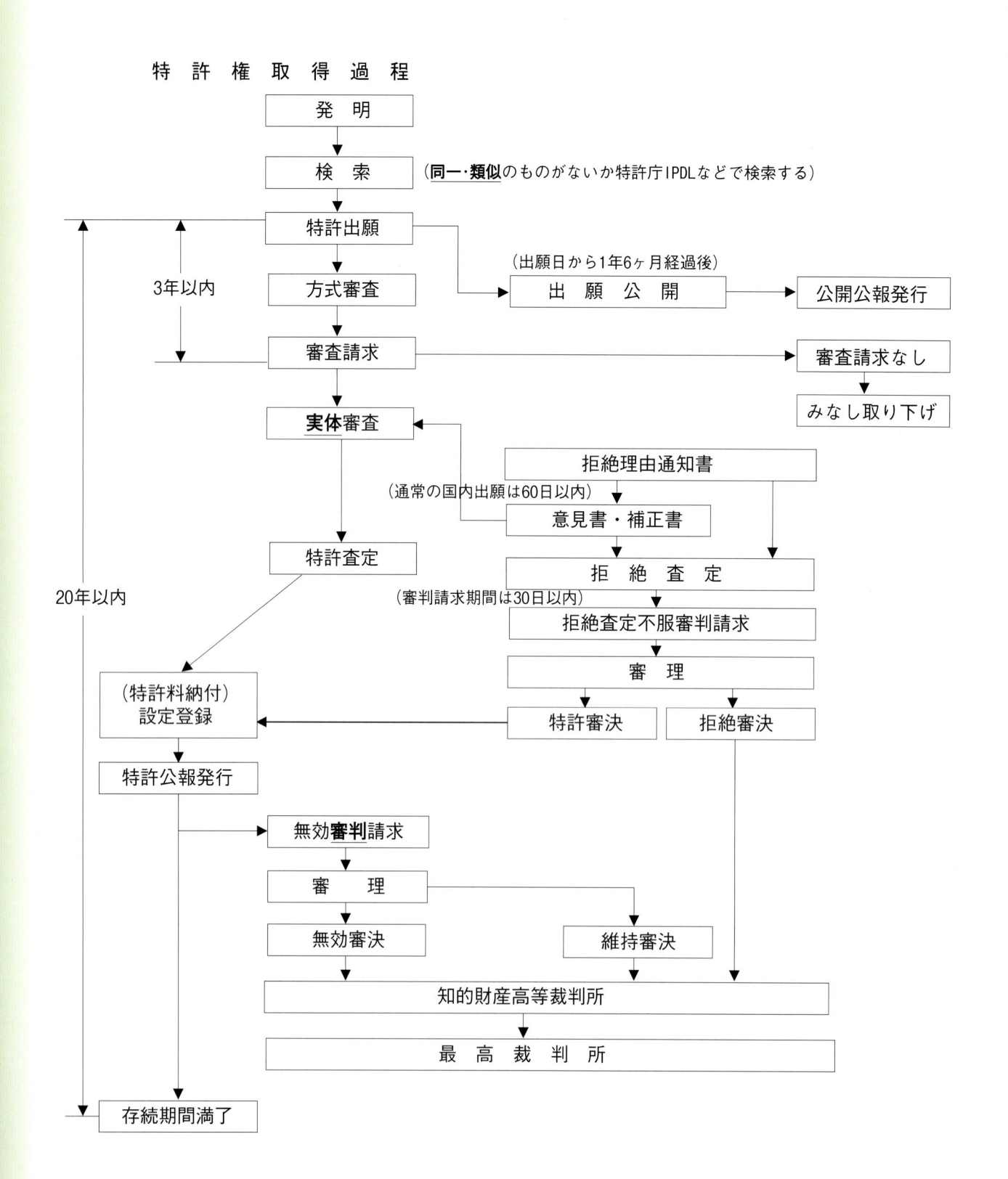

特　許　権　取　得　過　程

```
                    ┌─────────┐
                    │  発　明  │
                    └────┬────┘
                         ↓
                    ┌─────────┐
                    │  検　索  │──（同一・類似のものがないか特許庁IPDLなどで検索する）
                    └────┬────┘
                         ↓
                    ┌─────────┐
          ┌─────────│ 特許出願 │────────────────────────┐
          │         └────┬────┘                        │（出願日から1年6ヶ月経過後）
          │              ↓                             ↓
          │         ┌─────────┐                    ┌─────────┐      ┌─────────┐
      3年以内       │ 方式審査 │                    │ 出願公開 │─────→│公開公報発行│
          │         └────┬────┘                    └─────────┘      └─────────┘
          │              ↓
          │         ┌─────────┐                                   ┌──────────┐
          └────────→│ 審査請求 │──────────────────────────────────→│ 審査請求なし│
                    └────┬────┘                                   └─────┬────┘
                         ↓                                              ↓
                    ┌─────────┐                                   ┌──────────┐
                    │ 実体審査 │←──┐                              │みなし取り下げ│
                    └────┬────┘    │                              └──────────┘
                         │         │    ┌──────────┐
                         │         │    │拒絶理由通知書│
                         │         │    └─────┬────┘
                         │    （通常の国内出願は60日以内）
                         │         │          ↓
                         │         │    ┌──────────┐
                         │         └────│意見書・補正書│
                         ↓              └─────┬────┘
                    ┌─────────┐               ↓
                    │ 特許査定 │          ┌─────────┐
                    └────┬────┘          │ 拒絶査定 │
                         │          （審判請求期間は30日以内）
                         │               └────┬────┘
                         │                    ↓
                         │               ┌──────────────┐
                         │               │拒絶査定不服審判請求│
                         │               └──────┬───────┘
                         ↓                      ↓
                    ┌─────────┐            ┌─────────┐
                    │（特許料納付）│←──────│  審　理  │
                    │ 設定登録 │            └────┬────┘
                    └────┬────┘                 │
                         ↓             ┌────────┴────────┐
                    ┌─────────┐       ↓                 ↓
                    │特許公報発行│  ┌─────────┐      ┌─────────┐
                    └────┬────┘   │ 特許審決 │      │ 拒絶審決 │
                         │        └─────────┘      └────┬────┘
                         ↓                                │
                    ┌─────────┐                           │
                    │無効審判請求│                         │
                    └────┬────┘                           │
                         ↓                                │
                    ┌─────────┐                           │
                    │  審　理  │                           │
                    └────┬────┘                           │
                    ┌────┴────┐                          │
                    ↓         ↓                          │
              ┌─────────┐ ┌─────────┐                    │
              │ 無効審決 │ │ 維持審決 │                    │
              └────┬────┘ └────┬────┘                    │
                   └───────────┴────────────────────────┤
                                ↓
                    ┌──────────────────┐
                    │  知的財産高等裁判所  │
                    └─────────┬────────┘
                              ↓
                    ┌──────────────────┐
                    │    最　高　裁　判　所    │
                    └──────────────────┘

20年以内
     ↓
┌─────────┐
│存続期間満了│
└─────────┘
```

72

§4　産学官連携と知的財産

1．産学官連携のこれまで

　東海大学は、日本の大学の中でも最も古い産学官連携の歴史を持つ大学のひとつであり、その設立当初から産学官連携に取り組んできた。別の章で述べている「無装荷ケーブルの発明」は産官の連携であり、その成果が東海大学の設立のきっかけとなっている。最近では数多くの大学で産官学連携による研究教育活動が活発に行われるようになってきている。

　従来、大学は学問の府として、理系文系を問わず学問の探求のための研究が中心であったといえよう。研究の成果は学術論文としてまとめ発表することが大学の主な役割であった。しかし、今日では、社会に貢献する大学として、社会が抱える課題への対応や、時代の先を見通し、新しい時代を切り開くべく常に先進的な行動を展開していくということといった、社会との関わりが強く求められるようになってきている。そのためには、学術論文のみならず、創作活動の成果を特許などの知的財産として形成していくことも重要な課題となってきている。

　大学の研究活動で創作された新しい知見や技術は、技術移転として、産業界での実用開発段階を経て社会へ還元されていくことになる。その形態は多種多様であり、どのような連携活動となるかは、まさにそこに関わる人々の創造性にも大きく依存するところとなる。

2．技術移転に必要な人材育成

　産業界が直面する課題に大学が支援する、逆に大学における研究教育活動を産業界が援助する、あるいは同じような関係が大学と官との間でも成立することで、これまでにない様々な活動の展開が予想される。実社会の課題は、教育現場にとっては教材でもあり、経験を通した人材育成においては必要欠くべからざるものでもある。また新しい研究テーマを見出すきっかけにつながる場合がある。こうした関係を築いていく中で、知的財産の保護、活用といった概念は非常に重要であり、知的財産教育の効果が活かされる場となっていく。

　大学における研究活動で誕生する様々な知的創造物は、そのまま産業界で役に立つケースはむしろ少ないといえる。大学における研究開発の先端では、専門分野の分化、深化により、成果が直接実社会にフィードバックされることは、基礎分野になるほど難しくなっていく。それゆえ、そういった成果を他の分野と連携させて、実用化へむけた更なる研究開発が必要となる場合もあり、間を取り持つ専門の人材が不可欠となっている。

　最近、技術移転組織もしくは同様の役割を持つ組織が大学の内外に作られるようになっている。そこでは、一つひとつの案件をプロジェクトとして、スムーズに技術移転が行われるよう調整が図られている。そこでは技術そのものに対する評価に加え、知的財産を保護するための契約など、種々な知識とスキルを持った人材が必要になっている。

　発明者とそれを活用しようとする者の間に立ち、それぞれがともに満足できるような調整を行うことができ、技術や知的財産に対して深い理解をもつ専門家が必要となる。こうした人材は、専門の教育課程で育成されるというよりも。実際の経験を通じて育成されていくことが多い。また育っ

てきた環境や経験も大きな要素となっている。そういった背景からは、初等中等教育における知的財産教育の意義はとても大切なものとなる。

3．これからの産学官連携と知的財産教育の役割

教育・研究の現場である学校と産業界、あるいは官界との連携活動は、可能性の広がりとともに多様な形態での施行が増えていくものと考えられる。そういった状況の中で、専門家の育成は益々重要となっていく。そして同時に、連携活動が広がる中で、その重要性が社会全体で広く認識されることも必要である。そのためには知的財産に対するリテラシーあるいはIPカルチャーの普及も大切な取り組みとなる。創造、保護、活用といった知的創造サイクルを機能させ、それを持続可能な社会の構築につなげていく、それに関わる専門家も、またそうでない人々にとっても今後知的財産教育は重要なものとなっていくと考えられる。

産学連携で実現した、ル・マン参戦　広報課写真、（林義正教授プロジェクト）エンジン開発の成果は、高効率発電用エンジンにも生かされている。

§5 知的財産権をめぐる諸問題

―知的財産教育におけるディスカッションのために―

1．知的財産権全般の問題

- 知的財産権法の国際的ハーモナイゼーションは進んでいるか？
- 環境と知的財産権にはどんな問題があるのか？（生物多様性条約、南アフリカのエイズ治療薬特許訴訟の問題）
- 大学の技術移転における知的財産の取り扱い？（機関帰属への変換・産学連携）

2．特許権に関する問題

- バイオテクノロジー・特に再生医療や遺伝子治療等を特許してよいか？
- 平成16年1月東京地裁は、「青色発光ダイオード」の発明者中村修二教授に200億円という巨額の支払をするように元の会社に命令したのはなぜか？
- 特許権の技術的範囲・均等論とはなにか？
- 特許実体法条約は「世界特許制度」に向かっているのか？

3．意匠権に関する問題

- インダストリアル・デザインの保護は充分か？（ケータイ画面のデザイン等）
- インダストリアル・デザイン保護のハーモナイゼーションは進んでいるか？

4．商標権に関する問題

- 「夕張メロン」のような地域ブランドはなぜ登録できるのか？
- デパート「松坂屋」の商標が、2007年から登録されることになったのはなぜか？
- お菓子の「ひよ子」の形（立体商標）は有名なのに登録無効になったのはなぜか？

5．不正競争

- 「utadahikaru.com」や「ronaldinho.com」の無断登録はなぜ禁止されるのか？
- 転職した人は、前の会社の企業秘密をもらしてはいけないのか？

6．著作権に関する問題

- 技術の発展、特にデジタル化ネットワーク化に著作権法は対応しているか？
- 音楽著作物の著作権問題、MP3問題、カラオケボックス事件は解決したのか？
- 「ファイル共有ソフト「Winny」をインターネットに掲載しただけで、なぜ150万円の罰金という有罪判決（2006・12・13京都地裁）を受けるのか？
- 米国の動画共有サービスの「ユー・チューブ」は、著作権侵害なのか？

- 世界中で流行し始めたインターネット上の仮想空間「セカンドライフ」には、どんな著作権の問題があるのか？
- アニメやゲーム等のキャラクターは著作権によって保護されるのか？
- マンガ喫茶で漫画本を見せているのは著作権侵害なのか？
- 新古書の販売は著作権侵害なのか？
- 携帯電話による「盗撮」（デジタル万引き）は著作権侵害なのか？
- ｉＰｏｄだけが、なぜ私的録音補償金課金を支払わなくてよいのか？
- 先進国の中で日本の著作権だけが、なぜ著作者の死後50年で消滅するのか？
- 「WindowsVistaを一本買ってきて、数十台のパソコンにインストールしてはいけません。一台ごとに一本ずつ購入してください。」という契約は有効なのか？

（7）その他：

- 有名な芸能人の肖像や芸名のパブリシティの権利とはなにか？
- CMに登場する犬のような有名な動物や物にもパブリシティの権利があるか？
- マジシャンのマジックの種を明かしたTV番組はどんな権利の侵害なのか？

実践編

I　知的財産教育を進めるために

§1．リサーチの仕方

　一口に『情報を収集する』といっても、その情報をどのように活用するのか、どのような情報を必要として集めるのか、目的や情報の種類によって収集する方法も異なる。ここでは、アンケートやインタビューなど、自分で直接現場に出向いて収集する情報（第1次情報）と文献やインターネットなどの既存の情報（第2次情報）を入手する方法について、その留意点を説明する。

第1次情報の収集

　第1次情報の収集は、対象となるべき集団から直接聞き取る調査により『生の声』を聞くことができ、現場の雰囲気がよくわかる利点がある。
　同時に、問題点を更に深く掘り下げたり、新たな課題発見につなげたりできるなど、第2次情報からだけではわからない情報を得るために必要である。
　正確なアンケート結果を取得するためには、下記の3点を十分に考慮しなければならない。
① 内容が分かりやすい、答えやすいなど、答える側にたったアンケート用紙を設計する。
　　調査対象者に対して、調査の目的がはっきり理解でき、答えやすいようにアンケート用紙を作成することが大切である。
② 正確で活用しやすい情報収集・集計方法の検討
　　データの信頼性を高めるために、調査対象者が特定の層に偏っていないか、標本調査で十分なのか、全数調査する必要があるのか、配票調査か聞き取り調査かなど、調査対象と調査内容によって何が適当かを十分配慮することが大切である。
③ 知りたい情報を的確に導き出せる解析法の検討
　　簡単に解答できる質問から細目に立ち入る特殊な質問へと進める、お互いに関連のある質問はまとめて配置し、クロス集計を用いてデータの関連についての分析を行うなど、何を抽出するのか目的を明確化して集計を行うことが大切である。

2次情報の収集

　現在、2次情報はインターネットから得られる情報が最も多いが、書籍、新聞など出版物の利用も大切である。しかし、2次情報の利用に関しては、『著作権』をよく理解した上で活用しなけれ

ばならない。特に、最近問題となっているインターネット情報の活用では、安易にコピーした内容をレポートにそのまま貼り付けて、あたかも自分でまとめた内容のように見せかける事が頻発している。このようなことを行わないために、『著作権』に関する知識をよく理解させる必要がある。

　基本的には、他人の著作物を利用する際には、著作権者に著作物の利用に関する許諾を得る必要がある。許諾を得て利用する場合にも、①出所の明示（著作権法第 48 条）、②目的外使用禁止（著作権法第 49 条）、③著作者人格権への配慮（著作権法第 50 条）に留意しなければならない。

　学校教育現場において、授業の研究発表資料や研究レポートの中で他人の著作物を「引用」して利用する場合、例外的に著作権者に著作物の利用に関する許諾を得る必要はない（著作権法第３２条第１項）。これは、学校教育現場で厳格に著作権を行使すると教育活動に支障を生じるための特例的な措置と考えて頂きたい。従って、前述の①～③は当然守らなければならないルールである。特に、授業内で著作物を「引用」する場合は、教員・生徒とも以下の４点に十分注意を払わなければならない。

① 引用の必然性・・・自分の考えを補強するための引用で、必然性のない引用をしてはならない。
② 区分の明確化・・・自分の文章と引用部分との違いが明確にわかるように、括弧でくくるなどの工夫をしなければならない。
③ 主従関係の明確化・・・自分の文章が「主」であり、引用部分が「従」であることが明確になるように工夫すること。引用の目安としては、全体文章の１／２以内に抑えるよう心がける。
④ 出典明示（著作権法第 48 条第１項第１号）・・・引用著作物の明示を必ず行わなければならない。

「著作権」は「知的財産権」の１つであり、知的財産教育においては「知的財産の保護」の観点からしっかりと「著作権」を理解させる必要がある。基本的な考え方は、自分の著作物が利用される場合、されて嫌なことはしてはならないというスタンスで望めばよいといえる。

§2．プレゼンテーションの技術

　プレゼンテーションとは、自分の意思を他人に伝え、説明を通して受け入れてもらえるように発表することである。
　より良いプレゼンテーションをおこなうための留意点について説明する。

（1）条件の確認

　プレゼンテーションを効果的なものにするためには、最初に次の5点を確認しておかなければならない。

① 発表の目的
② 発表時間
③ 会場の広さ
④ 参加者の目的と数
⑤ 使える施設・設備

（2）発表内容の構成を考える

　より良いプレゼンテーションをおこなうためには、あらかじめ自分の考えを整理し、『何を伝えたいのか』を明確にしておくことが大切である。プレゼンテーションの構成は「導入」「本論」「結論」の3部構成にすると、参加者に対して内容が伝わりやすい。

① 導入：これからどういう内容について発表するのかを予告し、聞き手の関心を引き付ける工夫をする。
　　【例】・聞き手の前で実演
　　　　　・クイズ形式（聴衆では参加型）
　　　　　・聞き手が驚くエピソードの紹介　等
② 本論：プレゼンテーションの中心となる部分であり、聞き手が納得できるように筋道を立てて、論理的に説明する。特に、伝えたいメッセージが印象に残るように、発表の内容を精選する。
③ 結論：主張したいことを再度繰り返し、聞き手の理解を助けると同時に伝えたい内容をより印象づける。

（3）発表資料の作成

　良いプレゼンテーションを実施するためには、すぐれた発表資料の準備が必要である。聞き手にとってわかりやすい資料にするためには、できる限り内容のビジュアル化を図る努力をさせる指導が重要である。中学・高校生がプレゼンテーション・ポスターやスライドを作成する場合、『ポスター・スライド＝発表原稿』になっていることが多く、参加者から見れば非常にわかりづらいポスター・

スライドが多い。

　一般に視覚に訴えるコミュニケーションは、聴覚に対するものに比べ１００倍の情報伝達量があるといわれている。文章表現のほか、グラフ・イラスト・写真・地図などを効果的に活用する指導が大切である。伝えたい内容をビジュアル化することによって、聞き手は一瞬にして本質を理解し、また発表時間を節約することもできる。また、文字の大きさや余白のとり方にも注意し、バランスの良いポスター・スライドを作成させる指導も必要である。

（4）よりよい発表に向けて

　プレゼンテーションでは、以下の３点に注意すれば、より効果的に意思を伝えることができる。また、必ず発表用の原稿を用意させ、リハーサルを行わせる指導を徹底し、教員がチェックする方が望ましい。

① 言葉《難しい言葉を連ねて分かりにくくしていないか》
　原稿を棒読みせずに、自分の言葉で伝えさせる。適度なユーモアを交えると効果的になる事も指導する。
② 声《あなたの声がどのように聞こえているのか》
　大きな声で元気よく話をさせる。スピード、口調、抑揚、メリハリなどを考えて話すようアドバイスする。
③ 態度《あなたがどのように聞き手から見られているのか》
　相手の目を見て話す『アイコンタクト』ができているかをチェックする。また、身振り、手振りや顔の表情を変えて話す『ジェスチャー』も有効に機能しているかをチェックする。

　発表の最後には、必ず質問の時間を設けさせて聞き手からの質問に答えさせる指導を行う。これは、質問に答えることで聞き手の理解も深まるためである。また、聞き手の評価を受けることで、コミュニケーション能力や表現力を向上させることができる事も指導する。

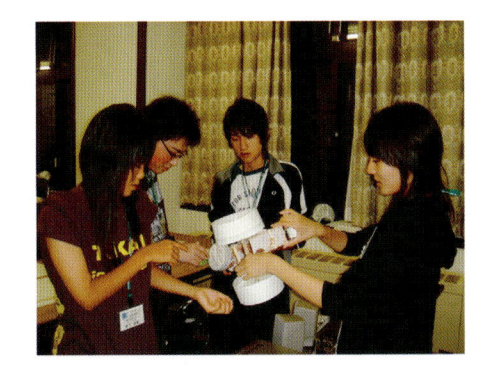

§3．インターンシップの利用

　「インターンシップ」とは、『学生が在学中に自らの専攻、将来のキャリアに関連して企業において実習・研修的な就業体験をする制度』のことで、一般的には大学生に対する産学連携の職業体験教育プログラムを意味する事が多いが、最近では、大学のみならず中学校や高等学校においてもインターンシップを取り入れようとする動きが活発である。また、企業のみならず、国の行政機関や地方公共団体においてもインターシップを導入し、国を挙げて取り組んでいこうという姿勢も見られる。

　例えば、文部科学省は「平成18年度夏期文部科学省インターンシップ（就業体験）」を実施し、平成18年7月24日～9月15日まで文部科学省各課（室）が協力の下、各課（室）がどのような仕事をしているのか中学生～大学院生までの希望者を一定期間受け入れる事業を展開している。

　（http://www.mext.go.jp/b_menu/houdou/18/06/06053010.htm を参照）

　このように、行政機関や地方公共団体が中・高校生対象に就業体験の場を提供する機会が多くなっているので、ホームページにこまめにアクセスして情報を入手するよう心がけておく方が良いであろう。

　また、多くのＮＰＯ法人で小学校～高等学校に対応したインターシップ・プログラムを用意しており、学校の事情に応じた支援が受けられるので、これらの組織を活用する方法も有益である。

　学校独自で実施したい場合は、卒業生や保護者会の協力を要請する方法や全国に517箇所ある商工会議所が用意しているプログラム、ＣＳＲ事業の一環として各企業が独自に実施しているプログラムを活用することができる。しかし、学校側がすべてを実施団体任せにするのではなく、協力いただける実施団体と十分な打ち合わせと就業形態の確認を行う必要があることを忘れてはならない。

§4．大学の研究室訪問

　2003年に国の「大学知的財産本部整備事業」の対象大学として東海大学、九州東海大学、北海道東海大学の3大学が採択され、湘南校舎に「知的財産戦略本部」が設置された。この「知的財産戦略本部」のホームページ：(http://www.tsc.u-tokai.ac.jp/pubhome/chizai/about/about.htm) の中で、当時の東海大学 学長 高野二郎氏は大学の社会的使命について次のように述べている。

　『もともと東海大学は、設立構想段階から「研究テーマは社会にある」「研究成果は社会に還元される」という考えを大切にし、地域連携や産学連携活動を活発に行ってきました。この長い歴史の間に、産業界から評価もいただき、多くの企業の皆様と深い信頼関係を築いて参りました。このことは、いまの私たちの誇りでもあります。（中略）本学は社会への貢献を念頭に、後に役立つ技術を開発すると共に、教育の場においてもそれぞれ専門分野に加え、知的財産についての知識を身につけ、社会にすぐ役立つ人材を育成したいと考えております。学園全体にわたり、知的財産を尊重する文化を醸成し、且つ、定着させると共に、地域社会と連携をはかり、頼りがいのある存在を目指します。』

　東海大学に限らず、大学における研究は当事者の中で完結させるべき活動ではなく、何らかの形で社会に還元され、社会生活を豊かにするための活動と位置付けられるべきである。

　知的財産教育の目的は、人類の創造性や個性の重要性・価値を理解・尊重することができ、自らも創造性や個性を発揮して科学技術・デザイン・ブランド、そして文芸・学術・美術・音楽の創造者として、創造性豊かで平和な社会の構築に貢献することのできるヒューマニズムを身につけた人材を養成することである。

　大学の社会的使命と知的財産教育の目的の共通点は、「創造性豊かで平和な社会の構築に貢献すること」であり、大学の研究室における研究室体験は知的財産教育を推進する上で重要な役割を果たすといえよう。

　では、具体的にどのような活動を展開すればよいのか。これに関しては、一般に実施されているようなオープンキャンパス的取り組みでは、知的財産教育における研究室体験としては何ら実りのないものになる。そこで、次の3段階の順に従った展開が理想的な活動となる。

① 第1段階：事前学習の徹底
　　研究室体験を行う研究室から、体験に際して必要な知識獲得のための適切な事前学習課題を送付してもらう。その課題に従って十分な調べ学習を行わせ、レポートを作成させる。レポートに関しては、研究室体験前に授業担当者に送付して生徒の理解度を知らせておく方が良いと考える。

② 第2段階：研究室体験
　　事前学習の段階で得られた知識との摺り合わせを行うと同時に研究内容がどのような形で社会生活に役立っているかを学ぶ。この際、この研究に何故取り組んだのか、研究者へのインタビューも含めて実施すると、現代社会が抱えている問題点の抽出にもつながる。

③　第3段階：事後学習の徹底

　　研究室体験で実施された内容をレポートにまとめ、更に理解を深める。この作業を通して、大学の社会的貢献を再認識すると同時に他の生徒の報告書も読み合わせることで、自分の体験できなかった研究室に関しても十分に内容を認識できる効果も期待できる。日頃、大学の研究に触れることの出来ない生徒に対してキャリア教育の側面からも研究室体験は有効な教育手段であるといえる。

　　なお、ここで紹介した研究室体験の手法については2004年度から東海大学付属仰星高等学校における1年生の「総合的な学習の時間」を利用して実施している内容である。この取り組みは平成17年度、平成18年度文部科学省「教育改革推進モデル事業」に「新たな高大連携のあり方に関する優れた取り組み」として2年連続で採択されたことを最後に付記しておく。

Ⅱ 実施例

幼稚園

小学校

中学校

高等学校

オリジナル絵本作り（幼稚園）

校　名	東海大学付属幼稚園	教　科	日常の幼稚園での活動
所在地	〒424-0911 静岡市清水区三保2113	実施学年	年長（ほし組・ふじ組）
URL	http://www.tokai.ed.jp/fuzoku-k/	時間数	日常の保育活動時間

＜授業目的＞

　本園では知的財産教育の一環として、年長児のオリジナル絵本作りを行っている。子どもの創造性を具体的な形に表す活動の一つとして、ストーリー作り、挿絵の描き込み、製本作業などを行い、一人一冊（最大16ページ）の絵本を完成させる。絵本作りを通して、自分のイメージを具現化することの喜びや出来上がった絵本を大切に扱う気持ちを養い、内的起業家精神および知的財産モラルの育成に結び付けていく。

1．自分のイメージやアイデアを言葉や絵で表現し、創造する楽しさを知る。
2．友だちの絵本にも触れ、様々な価値観の存在を認めるとともに、他者の創造物を尊重する気持ちを養う。

＜授業内容＞

1．個別で担当教員に自分のイメージやストーリーを伝え、お話を作っていく。（話しの内容は教員がワープロで打ち、プリントアウト）
2．ストーリーに合わせ、場面ごとの絵を各自で描き込んでいく。
3．表紙になる色画用紙と台紙の厚紙を張り合わせ、プリントアウトした文章を絵に貼っていく。
4．各ページを貼り合わせ、製本作業を行い完成させる。
◎主に通常の保育時間内の空いている時間を使って行う。また、作業の進行状況は子どもに合わせて進めていく。

①ストーリー作り（担当教員と話し合いながら作成）

②絵本表紙

③絵本の内容（文章は教員がワープロで打ったもの）

<教材>

◎絵本作りに必要な教材
- 表紙・裏表紙（厚紙・色画用紙）　画用紙（1人8ページ～16ページ分）　サインペン　色鉛筆　糊　ボンド

◎絵本に親しむ活動として
- 週1回、図書室から好きな絵本の貸し出し。
- 園内で読み聞かせをする際に、作者名や出版社を知らせる。
- 園外保育で絵本の原画展を見に行く。

<担当教諭からのコメント>

1. 「いつ、どこで、だれが、なにをした」お話しなのか、また、話しのつながりや起承転結を考えながら、世界に一つの絵本を作ることを伝えた。
2. 子ども自身の言葉（大人が考えないような言い回しや話しの展開など）をできるだけ壊さないようにした。
3. イメージが豊かで言葉が溢れ、次々話しが展開していく子と、なかなかイメージが湧かず言葉が出てこない子もいて、両者ともまとめるのに苦心する面があった。（日頃、絵本に親しんでいる機会の差があるのではないかと感じた）
4. 出来上がったストーリーを繰り返し読み、描き表す時には、思い描いたものを丁寧に描くように促した。
5. 空いている時間を使い、細切れで指導していくため、仕上がりまでの期間が長く、イメージしたものが薄れたりしないかと思われたが、時間をかけて試行錯誤しながら形にしていく楽しさもあるという良い経験にも繋がった。
6. 製本過程では、もう少し子どもの手が加えられるように行うことができれば、より出来上がりの達成感や喜びが味わえるのではないかと思われた。

自己有能感を大切にした保育（幼稚園）

校　名	東海大学付属本田記念幼稚園	教　科	日常の幼稚園での活動
所在地	〒259-1143 神奈川県伊勢原市下糟屋111	実施学年	全学年（年長、年中、年少組）
URL	http://www.honda.u-tokai.ac.jp/	時間数	日常の保育活動時間

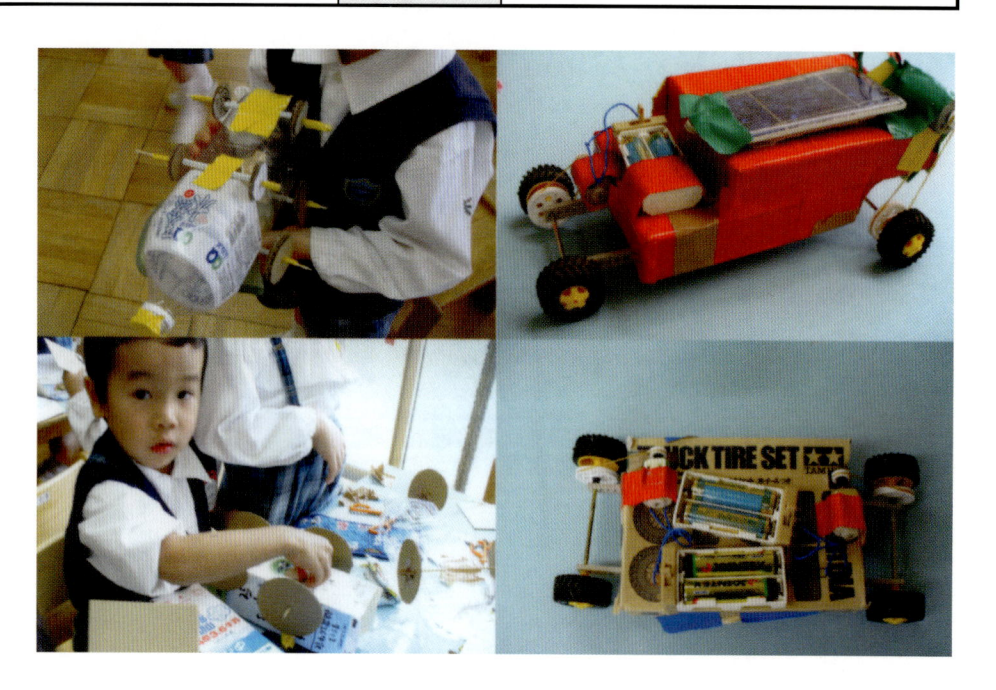

<授業目的>

　自分の創作物を大切にすると同時に、友達の作ったものも尊重し、創造的活動に意欲的に取り組み、知的財産を尊重する精神とルールに触れ、知的財産マインドを醸成する。発達過程の特性として、この時期を「好奇心と幼少期特有の独創的な試行のスキルを育む時期」とする。

<授業内容>

1. 子ども達の好奇心を育て、うれしくて、楽しい、創造性豊かな園生活を通して、自己有能感、社会性を育む。
    ① TIP　Weeks
    ・年少　　（　ｊｒ．本田ファイン　　お店ごっこ　　お話の部屋　）
    ・年中、年長　（　本田ファイン　オンリーワンカーを作ろう　ペーパーエコ　街を作ろう　）
    ②発表会活動
    ・オリジナル劇に取り組む（　年中＝魔法の国のお話　　年長＝かぼちゃのお話　）
    ・宣言劇に取り組む（　年長児　将来の夢を絵に描き、ＰＰＴに取り込んで、保護者の前でプレゼンテーションする　）
2. 世界の平和を構築する人材の育成を目指して（自分を大切にし、他人を尊重する気持ち・態度を育てる）
    ①パキスタン地震の募金活動に知的財産教育を生かして取り組む。

・マグネット制作　・本田式ハンカチーフ　・カレンダー制作
　これらの制作に取り組み、キッズフェスタなどで販売し、利益を募金活動に当てる。
　②おやつを一回我慢して募金する。
　【募金活動　総額　158,485円　（材料費、カレンダー製本代、印刷代を除いた純益）をユニセフに寄金しました】
3．人が創造したもの（知的財産）を尊重する気持ち・態度を育てる。
　・絵本の読み聞かせをする時に、必ず著作権者について触れ、著作権のルールマインドを醸成する。
4．年長児粘土制作に取り組む（スケールメリット生かして大学の職員を講師に招く）。
　1年間を通して、粘土制作活動に取り組む。スケールメリットを生かして、大学の陶芸の先生を招いて、素焼き、釉薬を使った創作を行う。
　①おままごと道具を作ろう。
　②自分の顔をモデルにしてテラコッタを作ろう。

<教材>

車づくり

発表会（オリジナルストーリー）

チャリティー活動

<担当教諭からのコメント>

1．Tip Weeksの「オンリーワンカーを作ろう」が２００５年度日産学術振興財団＜科学・自然教育＞に採択された。
2．Tip Weeksでは以下の内容で公開保育を行う。
　①取り組みを１０月に学年単位で実施し（４週目はハロウィン週間）、１１月に年中、年長の縦割りの保育形式で実施。
　②自己有能感を十分に発揮できる生活や活動に取り組む。
3．募金活動は毎年行っているが、この年は、パキスタン地震で寒さにむかい、住む家が倒壊し、テントも足りない子ども達の生活改善に自分達ができることは何か。
　と話し合いをすることを提案した。アイデアが思いつかないことを想定して、２０種類の活動を用意しておいたが、取り組んだ活動は、すべて子ども達のアイデアである。この手法を用いたことで、金額的には例年の３倍はあるといえる成果があった。
4．幼稚園の知的財産教育は「自己効力（有能）感・社会性を育む」に主眼を置いた創造性の教育を目指すことが大切である。

音楽表現やものづくりの体験を通した創造性を育む保育　（幼稚園）

校　名	東海大学付属自由ケ丘幼稚園	教　科	日常の幼稚園での活動
所在地	〒811-4175 福岡県宗像市田久1－9-3	実施学年	年少（3歳児）・年中（4歳児）
URL	http://www.kinder.ftokai-u.ac.jp/	時間数	日常の保育活動時間

＜授業目的＞

1．教育の意義、内容を確認し、把握することで、教員の意識改革を行う。
2．子どもに育まれる好奇心と独創的な試行スキルを導く。

＜授業内容＞

創造性を培う教育の充実を考える。
　　①四季を通して、自然の産物を利用したアート製作
　　②体験・イメージによるオリジナル曲作り
　　③科学性の伴う実験活動　シャボン玉の実験・紙飛行機の実験・動くおもちゃ作り

（写真）

＜教材＞

1．キャンパス内の散歩道で拾った小枝、小石、葉など
2．一年間の保育体験・四季を通しての様々な行事参加
3．石鹸、ストロー、針金、紙、ゴム、フィルムケース

実践例

<担当教諭からのコメント>

　知的財産教育に取り組み、教員の意識改革がスタートした一年目である。月に1回程、講師を迎えての研修会や、フィンランドから講師を招いての国際シンポジウムを2005年度に実施した。まだ試行錯誤の段階ではあるが、日々の保育カリキュラムに、「知的財産カリキュラム」を取り入れて本園のオリジナルの保育内容が展開されている。

　各クラスにおいての取り組み・反省点としては、「園児が自分なりに素材の特徴や使い方を発見し、いかに活用していくか」を考えるには創造性豊かに「生きる力」を育まなければならない。その為には、多くの体験学習を行う時間を作る必要があるが、体験を重視したカリキュラム作成に工夫の余地があると思われる。

　東海大学付属四ヶ園の教科研修会には、結果が見られるような研修を、教員一同、意識統一を図りながら方向性を確認し、今後も続けていく。

身近な素材で楽しいものづくり

みんなの前で歌やお話を作って紹介

お店ごっこ（幼稚園）

校　名	東海大学付属かもめ幼稚園	教　科	日常の幼稚園での活動
所在地	〒862-0924 熊本市帯山7丁目13－41	実施学年	全学年（年長、年中、年少組）
U R L	http://kamome.tokai.ed.jp/	時間数	日常の保育活動時間

<授業目的>

　知的財産教育を幼稚園の日々の活動の中でとらえると創造性教育がクローズアップされる。幼稚園の保育、教育はすべてが創造性教育といっても過言ではない。個人あるいはグループでテーマを見つけ、自ら考え、工夫し、作り上げていく過程を創造性を養う知的財産教育のベースとしてとらえたい。また、園においては生きる力の研究を進めてきた。この生きる力を育む教育も自分で課題を見つけ、自ら学び、自ら考え、行動し、問題を解決していくという過程においては、知的財産教育の創造性を育む基本概念と合致するものである。この共通点を活動に取り入れていきたい。今回知的財産教育の観点から創造性を育む目的で活動例として、お店ごっこを取り上げた。活動の予想としては、お店を決める、商品を作る、お金を作り売り買いをするなどが考えられる。これらの活動では、友達との関わりの中で、考え、アイデアを提案し、工夫し、作り上げるといった一連の流れを経験することで生きる力を身につけ、創造性を養うことが出来ると考える。以下、全学年で実施したお店ごっこの展開を報告する。

<授業内容>

1. 絵本・紙芝居などで、お店について知る……どんな店にいったことがあるか、どんなものを買ったかなど、自由に出し合う。
2. お店ごっこについて話し合う……お店を決める。どんなものを、どのように作るかを話し合う。お店ごっこに必要なものを話し合う（話し合いにおいて、以下のようなお店があげられた）。

(出店例) アクセサリー屋、スライム屋、剣屋、おもちゃ屋、お化け屋敷、おかし屋、病院、レストラン、楽器屋、魚釣り、たこやき屋、くじびき屋、ゲーム、花屋、八百屋、やきそば屋、やきとり屋、絵本屋、ヨーヨー釣り、金魚すくい、ペットショップ、デザート屋、温泉センター、デパート、ハーモニーランド、肉屋、花屋、ハンバーガー店、白雪姫の店、子豚と桃太郎の店、がらがらどんの店、こびとの店等

3．お金や財布を作る（全学年共通のお金）。
4．お店ごっこの品物を作る。
5．店作りをする……飾りつけをする。看板を作る。値段を決める。
6．お店ごっこをする……売り手、買い手を決め、お店ごっこを楽しむ。

＜担当教諭からのコメント＞

　知的財産教育の観点から今回のお店ごっこを検証してみると、①子どもたちの交友関係が広がり、グループを通した活動も可能になった。②素材を見て、イメージを広げ製作に取り組めるようになった。③皆で一つの作品を作り上げていく過程においても、自分の意見を出し合うことで工夫を凝らした作品が見られた。④創作意欲が増し、新しいことに挑戦してみようという自己有能感への高まりが見られた。⑤作った物で遊ぶなど友達との交流が深まったといった様々な展開が見られた。また、学年が上がるにつれ、教師からの援助を減らし、園児が中心になって進めていくことで、更にその発展が見込まれると考える。今後も創造性を育む教育として重要な役割を持つお店ごっこの活動を知的財産教育の一環として推進していきたい。

お店ごっこで売り手に挑戦

「お金」を決めてみんなで制作

商品づくりから飾りつけまで手分けして作業を進める

ドルードルあそび（小学校）

校　名	東海大学付属小学校	教　科	総合的な学習の時間
所在地	〒424-0901 静岡市清水区三保2068	実施学年	4年
URL	http://www.tokai.ed.jp/fuzoku-syo/	時間数	1時間

＜授業目的＞

「ドルードルあそび」を通じて、
1．人によって思っていることは違うな、ということに気づく。
2．人によって思いはさまざまだから、お互いに思いの違う人を認めた方が良いな、ということに気づく。

＜授業内容＞

1．本時で「ドルードルあそび」をやることを知る。
　　①あなたもドルードルを作ってみよう。
　　②お互いのドルードルを見せ合い、思いが何なのかを発表する。
2．「ドルードルあそび」の事例発表。
　　①「ドルードルあそび」をやって、考えたことを発表する
　　②提示された形を見て、思ったことを発表する。
3．自分なりのドルードルの絵を描く。
　　①他の人のドルードルを見て、何に見えるか、何だと思うかを進んで発表する。
4．「ドルードルあそび」をやり、グループで一つ発表する。

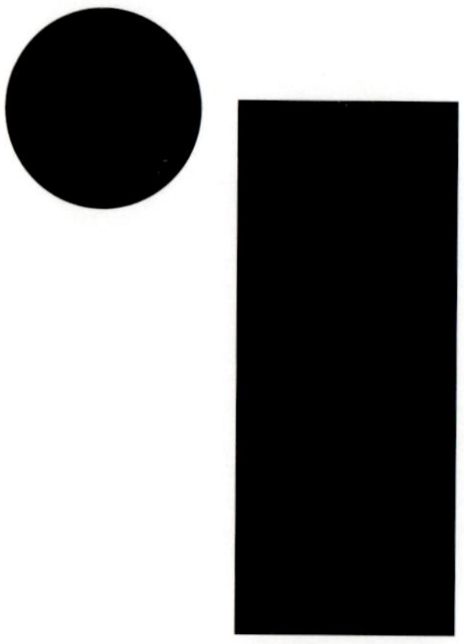

5．「ドルードルあそび」をやり、「なるほど」と思ったことを進んで発表する。

＜教材＞

「あなたが名前をつける本」（企画：特許庁）

＜担当教諭からのコメント＞

1．1つのグループは、グループ内での自己作成のドルードルの感想発表がよかった。
　→発表の仕方の工夫を伝えることで、発表の仕方が今後のいろいろな場面につながる。
　⇒学習方法の発展が子供の中で生まれてくる。
2．小グループでの発表を通して、お互いの思いの違いから、相乗効果での意見交換の高まり、醸成効果も見られた。
　→このような発表に慣れてくると、今後よりさまざまな意見をいえるような雰囲気ができ上がるだろうという期待が持てた。
3．ドルードル遊びは、①他を尊重すること、②創造性を養うこと、につながる。
　「まとめ」として、子どもが気づいたことを発表させたら、授業者の期待以上の意見が出された。
4．授業後の子どもの感想から
　・絆が深まるような気がする。
　・知らない人が仲良くなれるゲーム。
　・意見の違いがあって、とても驚いた。
　・ゲームがおもしろい。
　・シルエットは、ドキドキワクワクして、楽しかった。

国際理解（小学校）

校　名	東海大学付属小学校	教　科	総合的な学習の時間
所在地	〒424-0901 静岡市清水区三保2068	実施学年	5年・6年
URL	http://www.tokai.ed.jp/fuzoku-syo/	時間数	2時間

<授業目的>

　外国の若者達が日本に来て、苦労しながら日本語を覚えようとしている様子を見学し、外国人が日本の文化の中で、どんなことを学び、何を感じているかを知る。
1．人によって様々な思いがあることに気づく。
2．人によって思いは様々であるから、お互いに思いの違う人を認めることの大切さに気づく。

<授業内容>

1．重点を置いたところ
　①相手の意見をしっかり聞く。
　②自分なりの思いとの違いを知り、感想を述べられるように配慮する。
　③自分の考えをすすんで発表する。
　④ユニークな考えや意外な思いを受け入れるように心がける。
2．「まとめ」をどうしたか
　①人によって考え方がちがうことを学び、その中で感じたことや思ったことを含め、感謝の気持ちを手紙にして、国際ことば学院の学生に郵送した。
　②はじめは緊張しており、全体の説明をしてくれた学院長への質問もあまりしなかったが、次第に和やかになり多くの質問が出来た。

実践例

③グループごとに各教室に案内され、授業を見学していくうちに、学生達と親しくなり、授業に参加させてもらったグループもあった。
④授業見学後、集会場で学生達に児童全員が色々な質問をすることができた。学生達と親しくなり、最後は握手して別れた。

＜教材＞

静岡市内にある国際ことば学院で学ぶ外国人学生の授業参観とその交流

＜担当教諭からのコメント＞

1．もう少し時間に余裕を持って参観交流できると、他のクラスの授業風景も見学できたのではないか。
2．今後もこのような見学が出来れば、国際理解の学習につながると思う。
3．児童達にとっては、大変貴重な体験であった。

動物園グッズを作ろう（中学校）

校　名	東海大学付属第四高等学校中等部	教　科	ホームルーム活動
所在地	〒005-8602 札幌市南区南沢 517-1-1	実施学年	中学2年生・3年生
URL	http://www.tokai.ed.jp/daiyon/index.html	時間数	両学年とも8時間

＜授業目的＞

　第四高校中等部の知的財産教育は「動物園グッズを作ろう」という内容で授業を展開。生徒の創造性とチャレンジ精神を喚起させると共に、実際に動物園グッズの試作品を作成することで、生徒の達成感と自己効力（有能）感を養わせることを主眼に置いた。具体的な展開においてはグループワークを中心として、コミュニケーション能力を培うと共に、作品のプレゼンテーションを実施することで、プレゼンーション能力のみならず、創意工夫を発揮させる場を設けた。

＜授業内容＞

1時間目　オリエンテーション
　　今回の授業全体のオリエンテーション。動物園についての説明。
　　①動物のリサーチ　②商品のリサーチ　③　グループ分け
2時間目　ディスカッション
　　グループごとに分かれて、議論。ブレーン・ストーミングの実施。
3時間目〜6時間目　作業
　　企画書の作成、材料の調達、試作品の作成、値段の決定など
　　グループごと、あるいは役割分担に沿って作業を実施する。
7時間目　プレゼンテーションの準備

商品を売り込むという設定で、自分たちの商品のプレゼンテーションの準備を行う。また最終的に作業を完成させる。

8時間目　発表

各グループごとにプレゼンテーションを実施する。その際、他のグループは評価や採点を行う。

指導教諭による講評・総括

<教材>

オリジナルテキストを作成し、使用。

<担当教諭からのコメント>

　この「動物園グッズを作ろう」の目的は上で挙げたように、創造性、チャレンジ精神、自己効力（有能）感、コミュニケーション能力、プレゼンテーション能力など、さまざまな力を養うことにあるが、もう一つ「社会と結びついた教育」の実践という大きな目的がある。今回、旭川市にある旭山動物園の協力を得たことは、外部との交流によって生徒のイニシアティブを高め、また授業の中にリアリティをもたらし、結果のフィードバックにも役立つという大きなメリットをもたらした。今年度、学園のモデル校の1年目として知的財産教育に取り組んだのだが、展開方法、教員の理解、生徒の実際の活動などで、さまざまな課題が残されているが、一通りの展開ができ、一定の成果を得ることができた。そして、実践した生徒が達成感と満足感をもったことは何よりの成果だと思う。今後はこのようなプロジェクト型の実践を発展していくために、さまざまな実践例を展開することと、教員へのサポート体制、教員から生徒へのサポート体制をどのように進めていくかを考える必要がある。

発明家・起業家を調べよう（中学校）

校　　名	東海大学付属仰星高等学校中等部	教　　科	総合的な学習の時間
所在地	〒573-0018 大阪府枚方市桜丘町60-1	実施学年	中学1年生
URL	http://www.tokai.ed.jp/gyosei/	時間数	8時間

＜授業目的＞

　今年度の知的財産教育は、知的財産に対する理解を深めるため、「発明家・起業家を調べよう～知的財産はどのように社会に貢献してきたか～」をテーマに調べ学習を行った。クラス内のグループで一人の人物を取り上げ、調べた内容をプレゼンテーションの形で発表した。この知的財産授業を展開するにあたり、以下の4点の目標を設定した。
1．何かを新しく生み出した人物について調べることで、知的財産に対する理解を深める。
2．その人物が何をした人か、どのようにして成しとげたか、社会にどのような影響を及ぼしたかを調べる。
3．プレゼンテーションはどのように行うと効果的かを、体験を通して理解する。
4．調べ学習を通して、知的財産権を尊重する態度、内的起業家精神を養う。

＜授業内容＞

1時間目　全体ガイダンス（中1～3年まで、講堂にて講演会形式の授業）
2時間目　クラスガイダンス
　①授業のテーマ・目的・予定　②調べ学習の例示（ヘンリー＝フォード）　③プレゼンテーションの方法
3・4時間目　調べ学習
　①各自のノートPCを使って調べ学習　②各班でワークシートの作成
5・6時間目　スライド（パワーポイント）の作成

①発表の構成を考える　②スライドのビジュアル化をはかる　③聴衆を引き付ける工夫をする
　　　④出典を明示する
7時間目　プレゼンテーション・リハーサル
　　　①プレゼンテーションの意味・留意点の確認　②リハーサルの実施　③問題点の改善
8時間目　プレゼンテーションの実施（研究公開授業）・知的財産授業のまとめ（各担任）

＜教材＞

1. 全体ガイダンス：一貫教育委員会第５部会・ＴＩＰが作成したパワーポイント「知的財産って何？」を利用。
2. クラスガイダンス：仰星高校知的財産教育推進委員会が作成したパワーポイント「中１ガイダンス」を利用。
3. 各授業でワークシートを作成し、これを利用。

＜担当教諭からのコメント＞

1. ２００４年度に一貫教育委員会第５部会・ＴＩＰ主催の「知的財産教育責任者・実働者セミナー」（於東海大学山中湖セミナーハウス・２泊３日）において示された「中学校における知的財産教育の指針」に従い、「内的起業家精神教育」と「狭義の知的財産教育」の比重を１：１においた活動を展開し、担任のまとめも「内的起業家精神」である協調性・チャレンジ精神・リーダー性等の必要性に関するまとめと知的財産の創造・保護に関するまとめを展開した。
2. 生徒の活動は全般的に良好で、楽しみながら取り組むことができた。生徒のアンケートからも「楽しかった」「知的財産の大切さがわかった」という意見が多い。また、パワーポイントを使った初めての本格的なプレゼンテーションを体験させることができた。
3. 反省事項としては、当初計画の８時間では足りず、土曜日に本校が展開している「ネットワーク学習」という自主学習時間の３時間を充当し、更に担任がホームルーム活動の時間もある程度この授業に充当せざるを得ない状況となった。時間配分に対する検討が必要となった。調べ学習という形態やテーマの設定、知的財産教育教育に対する教員間の認識を高めることについても、検討の余地があると思われる。

学校紹介ビデオを作ろう（中学校）

校　名	東海大学付属仰星高等学校中等部	教　科	総合的な学習の時間
所在地	〒573-0018 大阪府枚方市桜丘町60-1	実施学年	中学2年生
URL	http://www.tokai.ed.jp/gyosei/	時間数	8時間

＜授業目的＞

　今年度の知的財産教育は、創造性を育むための具体的な取り組みとして、例年、中学1・2年生の各クラスに割り当てられて作成される、生徒会主催「新入生歓迎会」で上映する「学校紹介ビデオ」を中学2年生の知的財産授業の教材として活用した。「新入生歓迎会」で上映する「学校紹介ビデオ」の内容は、新入生が学校生活を円滑に過ごせるためのルール説明が主となる。今回は授業時間の関係上、具体的なビデオ撮影は行わず、前段階としてのシナリオを作成させ、クラスとして撮影に使用するシナリオの選定を、プレゼンテーションによって決定した。この知的財産教育授業を展開するに当たり、以下の4観点の目標を設定した。
1．グループ活動を通した内的起業家精神の育成（協調性・チャレンジ精神・リーダー性等の育成）
2．シナリオ作りを通した知的財産創造の楽しさや難しさの体験と知的財産保護の基本的考え方の理解
3．ブレーン・ストーミング法を用いた発想技法の習得
4．プレゼンテーションを利用したコミュニケーション能力と情報発信能力の育成

＜授業内容＞

1時間目　全体ガイダンス（中1〜3年まで、講堂にて講演会形式の授業）
2時間目　クラスガイダンス
　　①授業の目的　②今後の授業の進め方　③シナリオの作り方　④プレゼンテーションの方法
3時間目　ビデオ台本の企画・立案

①テーマの確認　②班分け　③ビデオイメージの決定　④ブレーン・ストーミング法を用いた伝えたい内容の整理
4・5時間目　シナリオの作成
　　①シナリオの書き方指導　②シナリオの作成
6・7時間目　プレゼンテーション準備とリハーサル
　　①プレゼンテーションの意味・具体的な方法・留意点　②プレゼンテーションの形式の決定　③準備
8時間目　プレゼンテーションの実施（研究公開授業）・知的財産授業のまとめ（各担任）

＜教材＞

1. 全体ガイダンス：一貫教育委員会第5部会・ＴＩＰが作成したパワーポイント「知的財産って何？」を利用
2. クラスガイダンス：仰星高校知的財産教育推進委員会が作成したパワーポイント「学校紹介ビデオを作ろう」を利用
3. プレゼンテーション準備：仰星高校知的財産教育推進委員会が作成したパワーポイント「プレゼンテーション」を利用
4. 各授業でワークシートを作成し、これを利用。ワークシートに関しては、必ず例示を示すことにした。

＜担当教諭からのコメント＞

1. ２００４年度に一貫教育委員会第5部会・ＴＩＰ主催の「知的財産教育責任者・実働者セミナー」（於東海大学山中湖セミナーハウス・2泊3日）において示された「中学校における知的財産教育の指針」に従い、「内的起業家精神教育」と「狭義の知的財産教育」の比重を1：1においた活動を展開し、担任のまとめも「内的起業家精神」である協調性・チャレンジ精神・リーダー性等の必要性に関するまとめと知的創造サイクルに関するまとめ、特に「知的財産の創造・保護」に関するまとめを展開した。
2. 生徒の活動は全般的に良好で、特にプレゼンテーション準備からは生徒が主体的かつ楽しみながら活動できた。
3. 反省事項としては、当初計画の8時間では足りず、土曜日に本校が展開している「ネットワーク学習」という自主学習時間の3時間をプレゼンテーション準備に充当し、更に担任がホームルーム活動の時間もある程度この授業に充当せざるを得ない状況となった。時間配分に対する内容選定の検討が必要となった。

クラスのシンボルマークを作ろう（中学校）

校　名	東海大学付属仰星高等学校中等部	教　科	総合的な学習の時間
所在地	〒573-0018 大阪府枚方市桜丘町60-1	実施学年	中学3年生
URL	http://www.tokai.ed.jp/gyosei/	時間数	8時間

＜授業目的＞

　今年度の知的財産教育は、創造性を育むための具体的な取り組みとして、卒業アルバムに掲載する各クラスオリジナルのシンボルマークを考案した。クラス内のグループで1つずつマークを作成させ、クラスの代表となるマークの選定を、プレゼンテーションを通して実施した。この知的財産教育授業を展開するに当たり、以下の4観点の目標を設定した。

1. 創造性を発揮してものを作る楽しさや難しさを、体験を通して理解する。
2. シンボルマークを考案するという体験を通して、グループ活動における協調性の大切さや難しさを理解する。
3. 知的財産とは何かを考察し、創造性や個性の重要性とその価値を尊重・保護する態度を養う。
4. プレゼンテーションはどのように行うと効果的かを、体験を通して理解する。

＜授業内容＞

（写真）

1時間目　全体ガイダンス（中1～3年まで、講堂にて講演会形式の授業）
2時間目　クラスガイダンス
　　①授業の目的　②シンボルマークとは？　③Tウェイブに込められた想い　④プレゼンテーションの方法

104

3時間目　シンボルマーク考案Ⅰ
①班分け　②ブレーン・ストーミング法を用いた伝えたい内容の整理　③マークに込める想いや概念の決定
4時間目　シンボルマーク考案Ⅱ
　　①シンボルマークに込める想いや概念を図案化　②各班でのシンボルマーク決定
5・6時間目　プレゼンテーション準備
　　①プレゼンテーションの意味・具体的な方法・留意点　②プレゼンテーションの形式の決定　③準備
7時間目　プレゼンテーション・リハーサル
8時間目　プレゼンテーションの実施（研究公開授業）・知的財産授業のまとめ（各担任）1時間

＜教材＞

1．全体ガイダンス：一貫教育委員会第5部会・ＴＩＰが作成したパワーポイント「知的財産って何？」を利用。
2．クラスガイダンス：仰星高校知的財産教育推進委員会が作成したパワーポイント「クラスのシンボルマークを作ろう」を利用。
3．プレゼンテーション準備：仰星高校知的財産教育推進委員会が作成したパワーポイント「プレゼンテーション」を利用。
4．各授業でワークシートを作成し、これを利用。

＜担当教諭からのコメント＞

1．２００４年度に一貫教育委員会第5部会・ＴＩＰ主催の「知的財産教育責任者・実働者セミナー」（於 東海大学山中湖セミナーハウス・2泊3日）において示された「中学校における知的財産教育の指針」に従い、「内的起業家精神教育」と「狭義の知的財産教育」の比重を1：1においた活動を展開し、担任のまとめも「内的起業家精神」である協調性・チャレンジ精神・リーダー性等の必要性に関するまとめと知的創造サイクルに関するまとめ、特に「知的財産の創造・保護」に関するまとめを展開した。
2．生徒の活動は全般的に良好で、楽しみながら取り組むことができた。創造的な活動を通して、目に見える形で結果（マーク）が残せたことは良かった。また、自分達の作ったシンボルマーク1つ1つに著作権があるということも、新鮮な驚きだったようだ。
3．反省事項としては、当初計画の8時間では足りず、土曜日に本校が展開している「ネットワーク学習」という自主学習時間の3時間を充当し、更に担任がホームルーム活動の時間もある程度この授業に充当せざるを得ない状況となった。時間配分に対する内容選定の検討が必要となった。実施時期が11月末～2月中旬であり、中学3年生は高校受験、中学全学年は後期期末試験の直前であったことから落ち着いて学習できる雰囲気ではなかった。実施時期に関しても十分な検討が必要となった。

ものの成り立ちから将来への展望まで（高等学校）

校　名	東海大学付属第二高等学校	教　科	高校現代文明論
所在地	〒862－0970 熊本市渡鹿9-1-1	実施学年	高校1年生
URL	http://www.tokai.ed.jp/daini/	時間数	8時間

＜授業目的＞

　本校の知的財産教育では、創造性を育むための具体的な取り組みとして、まず、学年全体に対し、知的財産に関する基本的事項を講義し、以って知的財産教育の導入とする。また、第一学年では、本学教育の核として据えている「高校現代文明論」の中で行うことに意義を持たせ、「ものの成り立ちから将来への展望まで」をテーマに、各クラス内を7～8班に分け、グループ毎に調べ学習や検討・発表をさせた。このことにより、「知的財産」としてのモノに注目をし、その成り立ちの過程から価値・意義・功罪・アイデア等に関心を持たせる。

＜授業内容＞

　知的財産の重要性に対する認識を深めるため．まず担当者から学年全体に対し．知的財産に関する基本的事項を講義した。特に著作権などの法律があること、特許権など製作者・発明者の知的権利を守ること、また日本や世界における幾多の発明例等を紹介した。
　その後は各クラスにおいて担任教諭がその指導の中心となり、2月の公開研究授業に向けて活動が始まった。7～8時間をその基本とし、「高校現代文明論Ｉ」という科目の中で実施していることから、「高校現代文明論における知的財産教育」を大きなテーマとして掲げ、副題として「ものの成り立ちから将来への展望まで」を据えた。
　クラスの中を7～8班程度に分け、グループ毎の班学習とした。そして班ごとに調べるべき「知的財産物」を決め．担当から提示した7つの項目に沿って調べ学習がスタートした。

実践例

1．この「もの」は、いつ、どこで、どのようにしてうまれたか。
2．この「もの」が生まれる以前はどうしていたのか。また、それに代わるものとして何があったか。
3．この「もの」が現在、私達の暮らしの中でどのように使われているか。また、それにはどんな工夫や改善が為されているだろう。
4．この「もの」の社会への影響や貢献、さらに功罪（プラス面・マイナス面）の両面から調べたり考えたりしてみよう。
5．罪（マイナス面）を克服するには何が必要か。
6．この「もの」は今後どのように変化したり、発展したりするだろうか。
7．この学習や調べから何を得たか、まとめてみよう。

　以上の7項目を踏襲しながらグループ毎の班学習は進んだ。途中、何度か担任教諭のチェックやアドバイスを受けて、軌道修正や役割分担を訂正したりした。
　また、もっとも苦手な「プレゼンテーション」も繰り返し練習をしたが、まだ不十分であった。人の伝えることの難しさ・大切さを学ぶ好機となった。

＜教材＞

「発明ってなんだ？」（特許庁）
パソコン・プロジェクター・プリント・模造紙
その他、各グループ毎に用意したもの。

＜担当教諭からのコメント＞

　「知的財産」に関する内容は大変幅が広く、あれもこれもと手を広げると焦点を欠くため、「創造性教育」に的を絞った2年間を予定している。とりわけ1年生はグループ学習などの調べ学習等に慣れていないため、内容もさることながら、学習形態を整えるのに時間を費やした。さらに「プレゼンテーション」の体をなさず、担任が苦労したところでもある。しかしながら、時間の経過に従い、次第に班内のまとまりが生まれ、調べるごとに新しい発見もあり、協力すること・他を尊重することなど得たことも多い。加えて、意欲が高まり、来年度に予定している「知的財産物に工夫・アイデアなどで付加価値をつける」ことを早くも言い出す生徒も現れた。自分の身の回りにある「知的財産」に関心をもつこと、あるいはその「もの」の、社会における貢献・価値などに少しだけ目が向く好機になったようである。

担任の個性を生かしたテーマでチャレンジ（高等学校）

校　名	東海大学付属第三高等学校	教　科	高校現代文明論
所在地	〒391-8512 長野県茅野市玉川675	実施学年	高校3年生
ＵＲＬ	http://www.daisan.tokai.ed.jp/tokai3/	時間数	5時間

＜授業目的＞

　地元大学教授に知的財産の大切さとこれからの捉え方について講演して頂く。その後、昨年度の実施内容を発展させ、クラス・コースの特色を生かしたテーマを設定して、クラスごとに生徒参加を中心とした活動を行う。

＜授業内容＞

第1回　学年全体で知的財産の捉え方について講演を聞く。
　　　講演「情報社会における知的財産教育の大切さ」　諏訪東京理科大教授　　七松敏先生
　　　　①人間の情報
　　　　②知識の私有と公有
　　　　③知的所有権とは
　　　　④技術立国から知的財産教育立国に向けて
第2〜5回　クラスごとにテーマに沿った取り組み（主なもののみ記載）
　　　（次ページ表）

実践例

108

(表)

組	授業の目的、テーマ	第2、3回	第4回	第5回
A	「ロゴマークをデザインする」意匠権について学び、実際にロゴマークを作る。	ロゴマークの実情を調べ、自分のロゴマークを考える。	自分のロゴマークを考案する。	考案したロゴマークを、考えのもとなどを含めて発表する。
B	「校舎を建て直そう！」もし新しい校舎を建てるならどのような校舎がよいか、アイデアを出す。	日常生活で不便なところを探し、その改善点を考える。	意見をまとめてプレゼンテーションの準備をする。	グループごとにプレゼンテーションを行なう。
C	「携帯電話に加えたい新機能」携帯電話の進化を学び、新たな付加価値について考える。	携帯電話の歴史について学ぶ。	グループごとに新機能について考え出してまとめる。	班ごとにPPTで発表し、互いに評価しあう。
D,E	「コーヒーフィルター（ろ紙）の落下傘を製作し、滞空時間・鉛直落下性能を競う」	クラス対抗で性能競争をし、優秀作品を選ぶ。	コーヒーろ紙製落下傘の製作。性能を高める。	クラス対抗で性能競争をし、優秀作品を選ぶ。
F	本校および市公園の施設デザイン	機能的な学校や安らぎのある公園について、資料を集める。	調べた資料を基に、自分たち独自のデザインを考える。	自分たちのデザインを、そのコンセプトを交えて説明する。
G	「地元産業の知的財産」諏訪圏工業メッセで興味を持った企業の違いや工夫を調べる。	地元企業が何を作りそれが生活の中でどう使われているか。	地元企業は、物つくりで実績を残していることを理解する。	まとめと発表。

<担当教諭からのコメント>

1．クラスの特徴を生かして、創造性や表現力をテーマにした独自の取り組みを行うことができた。
2．班員相互の協力ができ、班別討議で新たなものを作り出す作業は貴重である。
3．生徒は興味を持って取り組んだが、テーマ設定から授業の準備など担任の負担が大きい。

日頃から各教科の中で取り組む知的財産授業（1）（高等学校）

校　名	東海大学付属第四高等学校	教　科	全教科
所在地	〒005-8602 札幌市南区南沢 517-1-1	実施学年	高校1年生～3年生
URL	http://www.tokai.ed.jp/daiyon/index.html	時間数	各教科で適時導入

<授業目的>

　知的財産教育を展開する上で重要なのは通常教科での取り組みである。通常教科での取り組みは知的財産教育に新たな展開をもたらすということだけではなく、それぞれの教科が「生徒主体の教育」へと転換するきっかけとなりうるものである。

<授業内容>

国語「詩のビジュアル化」
　　金子光晴の詩「蜆の歌」を音読し、わからない言葉の意味を確認し、情景を相談し、各個人がそれぞれ絵を描く。班単位で1つのイメージ画を完成させ、本時では簡単な説明をさせる。質疑応答して内容理解の糸口とする。

英語「英会話集作成と寸劇」
　　生徒が作成したオリジナル英会話集を使用して寸劇を実施する。また寸劇で使用する背景画、ハンバーガー（絵）も生徒が作成したものである。すべて進行は生徒が行う。

日本史B「日本史の中の知的財産」
　　日本史では、歴史における知的財産として、火薬の発明とその発展をとりあげる。中国で発明された火薬がヨーロッパにおいて鉄砲やダイナマイトなどの兵器を生み出したという帰結を、生徒に熟考させたい。

地理B「南区活性化プロジェクト」
　　札幌市南区区役所から南区を活性化させるための課題を出してもらい、それにグループで取り組む。生徒たちはお互いにアイデアを出し合いながら、地域活性化につながる企画を作り上げる。なお後日、南区区役所でもプレゼンテーションを行う予定である。

体育「新しいスポーツを考える」
　　フリスビーを使って、サッカーの様なゲームは出来ないものか考え、試みることにした。静止している相手に対して、ディスクを投げるだけでも簡単ではないのに、動きながらのパスやパスの距離感を体得出来るかが鍵である。

＜教材＞

各教科で対応。

＜担当教諭からのコメント＞

　通常教科における知的財産教育は、プロジェクト型の授業展開と並んで、東海大学における知的財産の核となる部分である。そのような意味で、今回初めて様々な教科で知的財産教育の要素を取り入れた授業を展開できたことは大きな成果であった。しかしながら、実践に関しては大きな課題を残した。一番大きな問題は教科担当への理解である。運営側の準備不足などもあり、担当する先生方には大きな迷惑をかけただけではなく、それが授業展開にも大きな影響を与えた。さらに知的財産教育は従来の一斉指導型の授業から生徒主導の授業への転換という重要な要素をもつものであるため、一部の先生方からの理解を得るには困難を要した。大きな課題は残ったが、何よりも担当する先生方が創意工夫を行うことでオリジナリティのある授業を展開できたことは大きな成果である。今後、更に洗練された授業内容に向かうよう様々な努力が必要とされる。

日頃から各教科の中で取り組む知的財産授業（２）（高等学校）

校　名	東海大学付属第五高等学校	教　科	全教科
所在地	〒811-4193 福岡県宗像市田久１-９-２	実施学年	高校１年生・２年生
URL	http://www.tokai5.ed.jp/	時間数	各教科で適時導入

＜授業目的＞

　各教科における教育内容を、知的財産教育を切り口とした教科教育の新しい可能性を探る手段と位置付け、以下の三点を柱とした授業展開を実施した。

１）「生徒の持つ創造性を伸ばし、豊かな発想力を育成する取り組み」を授業の目的として位置付け、知的財産教育を根底においた特色ある授業の展開

２）フィンランド・バーサ市の教育モデルの根幹である「内的起業家精神教育」をキーワードとして、課題設定および解決能力の育成を図り、課題解決のプロセスを尊重した授業の展開

３）特許権、意匠権、商標権、著作権等の知的財産権制度の理解やその社会的意義を理解させる「知的財産権教育」を意識した授業の展開

＜授業内容＞

理科（生物Ⅰ）：「生物の進化」に関する授業
　　　生物の進化には必ず必然性が存在し、「生物の形質」に潜む進化的必然性の意義をクイズ形式で考えさせた。（来て欲しい昆虫に適した花の形と進化の関係）

国語（古典）：「方丈記」を現代に再現させることで「無常観」を理解させる授業
　　　方丈記の特徴である比喩表現や対句表現の理解と「無常観」を自分達の言葉で表現し、現代板「方丈記『ゆく河の流れ』」を創作し、創造性を伸ばす授業を展開した。

情報A：「産業財産権（工業所有権）、著作権」の基礎を理解させる授業
　　　産業財産権、著作権に対しての基礎を具体的な事例から確認し、パワーポイントを活用した図形描画の応用を通して「著作権」についての考え方をまとめさせた。
英語Ⅱ：英語単語から「即興の物語」を創る授業
　　　生徒が選んだ単語を使って各グループで物語を作らせた。作業の途中で、各班に教員が用意した物品をくじ引きで選ばせて、その物品の単語を更に加えた上で急遽物語を再構築させる授業を実施し、創造性を育成した。
芸術（音楽Ⅰ）：苦労して作曲した人の「権利を守る」意識から著作権を理解させる授業
　　　過去に盗作問題になったいくつかの歌を生徒に歌唱指導し、どこまで曲が似てきたら盗作かを考えさせた。また、ピアノによって類似した曲を聞かせながら著作権について考えさせＪＡＳＲＡＣの存在と役割を紹介した。
公民（現代社会）：「市場競争と商品開発の関係」を例に「競争力向上に特許が果たす役割」を理解させる授業
　　　「競争市場における企業の商品開発」に例をとり、創造力・発想力と競争力の関係、知的財産保護の重要性を体験的に学習させる授業を展開した。
　　　各具体的にはグループでカップ麺を考案し、プレゼンテーションを通して「売れる商品」にはどのような工夫が必要かを消費者の立場で体験させる授業を実施した。

＜教材＞

①生物Ⅰ 　　②古典 　　③情報A

④英語Ⅱ 　　⑤音楽Ⅰ 　　⑥現代社会

各教科担当者がオリジナル教材を作成して使用した。

＜担当教諭からのコメント＞

　各教科で年間２回の実施目標を立てて、普段の教科教育における知的財産教育導入の可能性を探った。今回は東海大学学園教科モデル校「知的財産教育」研究公開授業で、各教科の代表が実施したものを紹介した。いずれの教科も知的財産教育を実施する上で最も必要とされる「創造性の育成」部分に力点を置いて授業展開を試みた。この実践から、教科教育を知的財産教育の手法で実施した場合、学力の向上にも有効であったとの報告もあり、新たな教育の可能性も発見できた。知的財産権や制度理解等の内容は、各学年で年間５時間の時間を用いて実施する「特別授業」の方に委ねた。

著作権の理解を目的とした知的財産教育（高等学校）

校　　名	東海大学付属第五高等学校	教　　科	高校現代文明論Ⅱ
所在地	〒811－4193 福岡県宗像市田久１－９－２	実施学年	高校２年生
URL	http://www.tokai5.ed.jp/	時間数	5時間

＜授業目的＞

　本校では、高校１年生から３年生まで「高校現代文明論」という独自科目の中で各学年年間5時間の知的財産教育授業が当てられている。本校の知的財産教育の特徴は、以下の示す4項目を各学年でまんべんなく取り扱い、学年が上がるに従って内容が高度になるような「スパイラル型の知的財産授業」を展開している点である。
　　1．知的財産の創造　2．知的財産の表現　3．知的財産制度の理解　4．知的財産活用の重要性
　なお、2006年度文化庁著作権教育研究協力校に指名されたため、特に「著作権」に重点を置いた教育内容とした。

＜授業内容＞

1・2時間目：知的財産の創造（グループワーキングによる発明・発想の実践）
　　日頃の自分達の生活を見直して、身近にある道具等をよく観察し、更に使いやすくするためにはどのような工夫が必要かを考えて「知的財産」の重要性に気付かせる授業を展開した。
3時間目：知的財産の表現（東海大学学園オリンピックへの挑戦）
　　自分達で考えたアイデアをわかりやすく表現するために必要なプレゼンテーションの手法や発明概要書、添付する図面の書き方の基礎を学習し、起業家精神教育における「コミュニケーション能力」の育成を図る授業を展開した。

4時間目：知的財産制度の理解（各担任による授業内容）

　2年1組：書道で作った雅印を押すことによって、更に著作物の価値を高めさせることを理解させる授業

　　書道で作った雅印を押すことで、更にその作品が世界に一つしかない著作物である事を証明し、日本や中国では長い歴史の中で著作権が重要視されていたことを理解させた。この内容を教材として現在の著作権制度について考え、作品作りを通して理解させた。

　2年2組：学校の特色を表現させる内容から「著作権の保護」を理解させる授業

　　グループで学校の特色をよく表したキャッチフレーズやシンボルマークを考え、作品に込められた製作意図や想いを発表し、作品のオリジナリティを互いに認め合う態度を育成しながら著作物の創造の大切さと保護の重要性を理解させた。

　2年3組：様々な表現方法を導入して五感で「著作権」を理解させる授業

　　著作権について、各グループが伝えたいテーマを設定して寸劇、紙芝居、コント、クイズ等の様々な手法で表現させ、著作権に関する疑問点や問題点をクラス全体で共有し、全員で討議しながら著作権制度の必要性を理解させた。

　2年理数科：デジタル写真ライブラリーの作成を通して「著作権」を理解させる授業

　　自分達の撮影したデジタル映像に、自ら考えた写真の説明文、著作権情報を埋め込み（メタデータ）、「付加価値」を与えた著作物の作成を通して、著作権制度の理解と保護、活用の概念を理解させ、他者の作品や権利を尊重できる精神の育成を図った。

　5時間目：知的財産活用の重要性（知的財産が及ぼす社会的影響）

　　知的財産が社会に果たした役割や問題点を、実際の事件や事例を中心に学習し、知的財産に関する興味・関心を喚起させると同時に、知的財産の果たした良い面ばかりではなく、様々な視点から知的財産の功罪を理解させる授業を展開した。

＜教材＞

各担当者が作成したオリジナル教材を使用した。

＜担当者からのコメント＞

　本校は、東海大学学園教科モデル校にも指定されており、4時間目を研究公開授業として全国の先生方に参観頂いた。年度当初は幅広く知的財産権を扱う内容を予定していたが、文化庁から著作権教育研究協力校に指名されたことから、特に「著作権」に重点を置いて特別授業を展開した。「著作権」を生徒達と教員が共に理解しようとするスタンスで授業を展開し、単に著作権のルール理解に止まらず、著作物制作という創造的な活動も取り入れながら、全員で考えたり討議したりする「生徒主体の参加型授業」を基本として授業展開を行った。この授業を通して「著作権」を日常生活の中で意識し、実際に活用できる能力の育成を目指した。

2年1組

2年2組

2年3組

2年理数科

お気に入りの商品 ―「付加価値」とは何かを考える―（高等学校）

校　名	東海大学付属仰星高等学校	教　科	高校現代文明論
所在地	〒573-0018 大阪府枚方市桜丘町60-1	実施学年	高校1年生
URL	http://www.tokai.ed.jp/gyosei/	時間数	7時間

<授業目的>

テーマ：「お気に入りの商品〜付加価値とは何か考える〜」

「知的財産教育」の目的は、人類の創造性や個性の重要性・価値を理解・尊重することができ、自らも創造性や個性を発揮して、創造性豊かで平和な社会の構築に貢献することのできる人材を養成することである。

この目的を達成するために、お気に入りの商品についてグループで討論することを通して、付加価値とは何か、その商品がどのような発想のもとに開発されたかを考えるとともに、発明に必要な「創造性」や「発想法」について学ぶ。また、グループの調べ学習の成果をプレゼンテーションすることにより、プレゼンテーション技術の向上をはかることを目標とする。

<授業内容>

1時間目　全体ガイダンス（講堂にて学年集会）
　①知的財産と知的財産権　②知的財産の重要性と知的創造サイクル　③知的財産教育の意義　④付加価値と発明（カッターナイフによる例示）　⑤知的財産授業のテーマ予定の提示　⑥学園オリンピックの紹介

2時間目・3時間目　各クラスで班ごとに調べ学習
　お気に入りの商品の　①基本機能　②お気に入りの理由　③付加価値　④商品の社会的影響　⑤商品開発の経過　⑥商品に付与されている知的財産権

4時間目・5時間目　各クラスで班ごとにプレゼンテーションの準備
　　①発表の構成を考える　②発表資料を作成する　③資料のビジュアル化をはかる　④聴衆を引き付ける工夫をする　⑤出典を明示する
6時間目　プレゼンテーション・リハーサル
　　①プレゼンテーションの意味・留意点の確認　②リハーサルの実施　③問題点の改善
7時間目　プレゼンテーション、知的財産授業のまとめ

<教材>

1．全体ガイダンス：仰星高校知的財産教育推進委員会が作成したパワーポイントを利用。
2．調べ学習：仰星高校知的財産教育推進委員会が作成したワークシート「商品の付加価値発見用紙」を使用。
3．プレゼンテーション準備：仰星高校知的財産教育推進委員会が作成したワークシート「発表の構成を考えよう」を使用。仰星高校知的財産教育推進委員会が作成した資料「プレゼンテーションの準備をしよう」を使用。
4．プレゼンテーション：仰星高校知的財産教育推進委員会が作成したワークシート「プレゼンテーション評価表」を使用。

<担当教諭からのコメント>

1．高校1年生の知的財産授業のテーマにもとづいて、「付加価値とは何か」「知的財産教育の目的」に重点をおいたまとめを行った。付加価値とは基本機能に加えられた有益な機能であること、付加価値によって新しい商品が開発されることを確認した。また、創造性・個性を養うこと、創造性・個性の価値を尊重する態度を養うことが知的財産教育の目的であることを認識させた。
2．授業後の生徒のアンケートでは、「楽しかった」「積極的に取り組んだ」という割合が昨年度よりも増加した。これは研究公開授業がきっかけとなって、生徒が知的財産授業に意欲的に取り組み、達成感を味わうことが出来たためではないかと思われる。
3．1学年の教員からは、「クラスの協調性が出てきた」「自分たちで工夫する楽しさが伝わった」などの肯定的な意見とともに、「時間が足りなかった」「教育論・学習過程論として、専門的な見地からの議論が必要」といった課題も提示された。

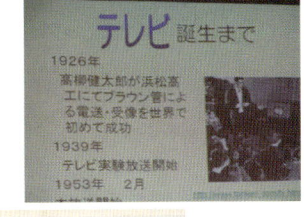

生活を豊かにする発明にチャレンジ　（高等学校）

校　　名	東海大学付属望洋高等学校	教　　科	高校現代文明論・ホームルーム活動・教科「情報」
所 在 地	〒209－0011 千葉県市原市能満1531	実施学年	高校2年生
U R L	http://www.boyo.tokai.ed.jp/	時間数	9時間

＜授業目的＞

1．弁理士による講演を行うことにより、専門家から見た発明の発想法を知る。
2．ものつくりへの挑戦者の精神を学ぶ
3．生徒一人ひとりがアイデア研究に取り組み自己の創造性を養う。
4．自己表現力を鍛えプレゼンテーション能力を身につけさせる。同時に評価する力をつける。

＜授業内容＞

1・2時間目　知的財産講演会「知的財産について」　講師：弁理士　朝日直子（高校現代文明論で実施）
　3時間目　プロジェクトX　挑戦者たち「男たちの復活戦デジタルカメラに賭ける」の干渉（ホームルーム活動）
　4時間目　アイデア研究シートの配布と説明（ホームルーム活動）
　5時間目　アイデア研究シートの清書提出（ホームルーム活動）
　6時間目　プレゼンテーションの作成（教科「情報」）
　7時間目　クラス発表とクラス代表選出（ホームルーム活動）
　8時間目　クラス代表による学年発表と評価投票（ホームルーム活動）
　9時間目　表彰・講評・まとめ（ホームルーム活動）

<教材>

高校現代文明論特別講演「知的財産について」の資料
知的財産についての小雑誌「ヒット商品はこうして生まれた！」（日本弁理士会）
DVD「プロジェクトX挑戦者たち　男たちの復活戦デジタルカメラに賭ける」と紹介資料
アイデア研究シート（学園オリンピック　知的財産教育部門応募用紙を参考に作成）
アイデア研究評価シート

<担当教諭からのコメント>

　弁理士による講演により、専門家の視点で特許として認められる発想、プロジェクトXから、ものつくりに挑戦することの大切さを学び、アイデア研究へと段階的な指導を行った。具体的には、アイデア研究シートにアイデアを下書きさせ、情報の時間にパワーポイントでプレゼンファイルを作成させた。同時に、この授業を情報科の研究授業としても実施した。続いてプレゼンファイルを用いてクラス発表を実施して、クラス代表を選出し、学年発表を実施して、評価・投票を行った。その結果、アイデア大賞、グッドネーミング賞、グッドプレゼン賞、学年主任賞を授与。

　1年間、つながりを持ちながら進められたのは、生徒にとってはよかったと思うが、職員側が年間の中で時間を調整しながら授業を行うことや意識を持ちつづけることは大変なことである。

　生徒は、授業を楽しく受けられ、クラス発表や学年発表など貴重な体験ができた。また、生徒のアイデアの中には、意外性のあるものもあり、この企画は成功したといえる。今後、計画を綿密にし、授業の素材やテーマおよび評価基準をわかりやすくする工夫、グループ発表における生徒の適性を生かしたチームつくりを行うことが必要である。また、情報科との連携で発表用のスライドを作成したことも有益であった。

執筆者一覧（50音順）

代表：角田　政芳（東海大学法科大学院教授）

　内田　晴久（東海大学教養学部人間環境学科教授）

　宇都口英樹（東海大学付属仰星高等学校・中等部教諭）

　川崎　一彦（東海大学国際文化学部国際コミュニケーション学科教授）

　工藤　優樹（東海大学付属高輪台高等学校教諭）

　駒澤　利継（前　東海大学付属小学校教諭）

　杉　一郎（東海大学付属高輪台高等学校・中等部校長）

　角田　政芳（東海大学法科大学院教授）

　高橋　功（東海大学付属本田記念幼稚園園長）

　中丸　隆夫（東海大学付属相模高等学校・中等部教諭）

　中村　武徳（学校法人東海大学初等中等教育部初等中等教育課・教諭）

　平島　克敏（東海大学付属第四高等学校教諭）

　平田　恒敏（東海大学付属第五高等学校教諭）

出る杭をのばせ！
明日を変える創造性教育

2008年(平成20年)6月30日　初　版　発　行
編　　集　　東海大学知的財産教育テキスト編集委員会
発　　行　　社団法人　発　明　協　会

発行所　社団法人　発　明　協　会
所在地　〒105－0001
東京都港区虎ノ門2-9-14
電　話　東京03（3502）5433（編集）
　　　　東京03（3502）5491（販売）
Ｆａｘ．東京03（5512）7567（販売）

Ⓒ 2008　東海大学知的財産教育テキスト編集委員会　　印刷：株式会社丸井工文社
Printed in Japan

ISBN978-4-8271-0901-6　C1037

落丁・乱丁本はお取替えいたします。

発明協会ホームページ　http://www.jiii.or.jp/

本書の全部または一部の無断複写複製
を禁じます（著作権法上の例外を除く）。